AF364165

Miradas y escuchas sensibles del jugar en las PRIMERAS INFANCIAS

MARCELA ARMUS
(compiladora)

Edición: Primera. Septiembre de 2022
Lugar de edición: Barcelona, España / Buenos Aires, Argentina

ISBN: 978-84-18929-54-0
E-ISBN: 978-84-18929-55-7
Depósito legal: M-13686-2022

Código Thema: JMC [Child, developmental & lifespan psychology]
Código Bisac: PSY004000 [Developmental / Child]
Código WGS: 530 [Humanities, art, music / Psychology]

Copyright de esta edición: © 2022, Miño y Dávila srl / Miño y Dávila editores sl

Ilustración de cubiertas: Augusto Laplacette
Diseño: Gerardo Miño
Armado y composición: Laura Bono

Sociedad Argentina de Primera Infancia - SAPI

Página web: www.sapi.org.ar
Mail administración: secretaria@sapi.org.ar

Dirección: Olazábal 2570. 6 A
(C1428AAL), Buenos Aires, Argentina.

MIÑO y DÁVILA
♦ E D I T O R E S ♦

Página web: www.minoydavila.com
Mail producción: produccion@minoydavila.com
Mail administración: info@minoydavila.com

Dirección: Miño y Dávila s.r.l.
Tacuarí 540. Tel. (+54 11) 4331-1565
(C1071AAL), Buenos Aires, Argentina.

Miradas y escuchas sensibles del jugar en las PRIMERAS INFANCIAS

MARCELA ARMUS
(compiladora)

Marcela Armus

Daniel Calmels

Damián Calvo

Laura Cristina del Valle Hereñú

Clara R. de Schejtman

Lucas Di Nunzio

Carolina Duek

Constanza Duhalde

Marisa Factorovich

Roberto Fraguglia

Agustín Garona

Cristina Gay

Alejandra Giacobone

Vanina Huerin

Juan Augusto Laplacette

Mara Lesbegueris

Marie Rose Moro

Carlos Skliar

Jorge Ullúa

María Pía Vernengo

Con la colaboración de:

Natalia de la Torre

Marisa Herrera

Francesco Tonucci

Índice

9   Introducción

11   Capítulo 1
     Jugar, una necesidad universal
     por Marie Rose Moro

23   Capítulo 2
     Jugar por jugar. Una realidad posible
     por Damián Calvo

41   Capítulo 3
     Sin jugar no hay infancia (¿es posible jugar por ley?)
     por Marcela Armus

57   Capítulo 4
     Tramas del jugar y el cuerpo
     por Daniel Calmels

59   Capítulo 5
     El jugar en la educación inicial
     por Laura Cristina del Valle Hereñú, Jorge Ullúa
     y Roberto Fraguglia

71   Capítulo 6
     Aprender jugando, diálogo entre arquitectura y pedagogía
     por Agustín Garona y Lucas Di Nunzio

93   Capítulo 7
     Hacia la capacidad de infancia. Asombro y encanto
     por Carlos Skliar

97   Capítulo 8
     El juego desde la perspectiva de género. Nuevas
     posibilidades para pensar la clínica psicomotriz y
     la socialización de lxs niños, niñas y niñes
     por Mara Lesbegueris

111 Capítulo 9
La musicalidad del jugar en las infancias
por Alejandra Giacobone

121 Capítulo 10
El juego y la psicoprofilaxis quirúrgica
por Cristina Gay

139 Capítulo 11
Perspectiva psicoanalítica sobre el juego
por Marisa Factorovich

153 Capítulo 12
Dimensiones del jugar en interacciones lúdicas
entre adultos y niños
*por Vanina Huerin, Clara R. de Schejtman, Constanza Duhalde,
Juan Augusto Laplacette y María Pía Vernengo*

171 Capítulo 13
El juego y las infancias contemporáneas:
tramas de sociabilidad, tramas de consumo
por Carolina Duek

189 Capítulo 14
Diálogo con Francesco Tonucci

191 Referencias bibliográficas

203 Sobre los autores

***Se pueden ver más contenidos audiovisuales a través del
siguiente anexo digital***

https://germyd.wixsite.com/miradas-y-escuchas

Introducción

Este libro reúne diversas miradas y escuchas sensibles sobre el jugar en las primeras infancias, a partir del aporte de conceptualizaciones, teorías, investigaciones, prácticas y experiencias de profesionales expertos de distintas disciplinas y campos: psicología, psicoanálisis, psiquiatría, psicomotricidad, musicoterapia, pedagogía, arquitectura, derecho, informática, ciencias de la comunicación y educación inicial.

Los capítulos del libro, desde sus especificidades y heterogeneidades, se entraman en diferentes núcleos temáticos –comunidad y cultura, desarrollo, educación, clínica e investigación– para lograr una aproximación al fenómeno complejo del jugar en los primeros tiempos de la vida.

Lo textual, además, se complementa y enriquece en el formato transmedia ofreciendo al lector otros canales y recursos virtuales vinculados, como entrevistas de video con autores, cortos y documentales, audios, fotografías e ilustraciones, que refuerzan la perspectiva y posición lúdica que el libro propone.

Capítulo 1
Jugar, una necesidad universal*

Marie Rose Moro | Psiquiatra

> *"En este viaje tenemos nuevamente la oportunidad de comprobar que sólo se puede acceder al pensamiento del otro reelaborando el propio. Pero entonces ya no hay 'su' pensamiento. El diálogo entre culturas no es un etiquetado de pertenencias, sino que ofrece una nueva oportunidad para relanzar la filosofía".*
> Jullien (p. 9, 2005)

Como dice magistralmente Jullien sobre el estudio del pensamiento chino, la reflexión sobre el juego en la vida y en la clínica, aquí y en otros lugares, nos ofrece la ocasión de un nuevo viaje para profundizar en nuestro conocimiento, nuestra experiencia, nuestra relación con el juego. Pensar el juego es reinventarlo y más aun ponerlo en acto.

Reinventar el juego

Hace ya mucho tiempo que me apasiona el juego. Ya en 2006 había organizado para la revista transcultural *L'autre*[1] un coloquio que se llamaba "Jugar" ("Jouer"[2]), al que siguieron un número de la revista *L'autre* y un libro[3]. Desde entonces, no he dejado de entrevistar a niños de diferentes edades, niños pequeños, mayores e incluso adolescentes, niños, niñas, cercanos y más lejanos, niños que la vida cotidiana me llevó a encontrar, en el Hospital Avicenne, en las afueras de París, en la Casa de Solenn del Hospital Cochin, un lugar para los adolescentes, pero también durante mis misiones

---

* Traducción a cargo de la Lic. Nora Woscoboinik.
1. www.revuelautre.com.
2. Sexto coloquio de la revista *L'autre*. Voir *L'autre*, n° 20, 2006, "Jouer".
3. Ver *L'autre* (2006), Lachal et coll. (2008).

en diversos países en crisis en el marco de Médicos Sin Fronteras
–en particular en Indonesia, Guatemala o Afganistán–. He visto a
estos niños jugar o no poder jugar en algunos casos de sufrimientos o rupturas; he jugado con ellos y a veces les he pedido que me
digan qué significa el juego para ellos. He recogido muchas teorías,
muchas imágenes y he jugado mucho. Lo que me hizo repensar los
juegos de mi infancia, juegos inventados en la frontera de varios
mundos culturales y de varias historias, la historia íntima pero también la gran historia, la de las migraciones y las guerras. Recuerdo
que jugábamos a los zancos. Mis padres decían que era un juego
vasco. Hacíamos agujeros en latas de conservas, pasábamos hilos
por ellas, y así, usábamos estas cajas para hacer carreras de velocidad entre Francia y España, país de mis padres. Ese juego parecía
inventado para nosotros. Sin embargo, puede haber existido en
muchos otros lugares inventado por otros grupos de niños que
hablaban otros idiomas y usaban estos zancos para correr más
rápido y más lejos como botas de siete leguas de los cuentos que
se adaptan a cada uno y permiten recorrer mágicamente largas
distancias y viajar lejos. La diversidad y la historia de los juegos
no excluyen por el contrario que exista un fondo común del juego,
un proceso común que podría llamarse lo infantil a partir del cual
se distingue el jugar, el juego y sus destinos.

Desde un punto de vista transcultural, el juego es para nosotros como el cuerpo, como el sueño, en el entrecruzamiento de lo
individual y lo cultural, lo intrapsíquico y lo intersubjetivo; a la vez
inventado, privado y colectivo. Los juegos de los niños son objetos
enigmáticos que hablan tanto del ser como del grupo, de la filiación
como de las afiliaciones, del genio individual como de la transmisión del mismo, del nosotros como del "yo" (je), palabra tan cercana a "juego" (jeu), del consciente como sin duda del inconsciente.

Aquí en Occidente, el juego se ha convertido en un proceso
considerado necesario para los niños, tanto por el conjunto de la
sociedad que ha ideado formas de juego cada vez más creativas,
a menudo comerciales, que por los clínicos dispuestos a pensar
que un niño que no juega, no está sano. Sin embargo, un breve
viaje transcultural permite matizar y complejizar esta afirmación,
ya que la noción misma de juego y, sobre todo, las formas que
adopta están vinculadas a su contexto filosófico, histórico y geo

  Miradas y escuchas sensibles del jugar en las Primeras Infancias

gráfico. Escuchemos sobre este punto a dos niños, que no están necesariamente de acuerdo sobre lo que es jugar: un niño de 9 años, Pablo, y una niña de 12 años, Lola; los dos viven en Paris[4].

Pensar el juego según Lola, Pablo y los otros

"[Pablo, nueve años:] El juego es algo bueno... Si un niño no juega, está menos contento durante el día y, si no juega en absoluto, se pondrá muy triste. Jugar es divertirse, no pasar todo el tiempo trabajando... Pero hay que trabajar un poco también porque, de lo contrario, tampoco vamos a estar demasiado contentos. Si nos divertimos todo el tiempo, ya no sabemos que nos divertimos. Divertirse es entrar en otro mundo. Es entretenido, hace pensar en otras cosas. Los niños están obligados a jugar, por eso son niños, no es como los adultos. Si jugás a los animales, actúas como un animal y dirigís, si querés. Un granjero que mete una vaca en un corral es como si vos fueras el granjero. Si jugás con la compu o a la *Game boy*, a los juegos electrónicos, es diferente. Si jugás al fútbol, es como si vos fueras el jugador: te transformás en jugador de fútbol o de rugby como uno verdadero. Hacés lo que querés y nadie te obliga, hasta podes hacer un gol en contra. Todo lo que querés hacer es posible, o casi. Si jugás a los *Sims*[5], es como el fútbol y parecido con la *Game boy*. Me encantan también los juegos de aviones. En esos juegos controlás los aviones como si fueras el piloto. Podés estrellarte. Jugás a pilotear el avión. Podés convertirte en un niño-piloto o en un niño-jugador de fútbol profesional, ¡es mágico! Pero seguís siendo vos mismo. Y si querés te ponés en el lugar de un adulto. Podés ser un equipo de niños, es divertido. En los juegos de autos manejás como al avión. Cuando jugás con los *Playmobiles*[6] es como a vos te guste, podés ser el granjero o la vaca. Por ejemplo existen *Playmobiles* con una granja o un aeropuerto. Sos la persona que maneja los *Playmobiles*. El juego es para que los chicos se distraigan. También podés leer en vez de jugar".

---

4. Esta entrevista sucedió en el año 2006.

5. Juego de construcción de espacios de vida en internet.

6. Personajes y juego de construcción.

"¡Pero leer es jugar!" dice su hermana Lola, de 12 años, que tiene una concepción muy diferente del juego. "No sabés lo que es jugar", interviene su hermano, "sólo yo sé, son los pequeños los que saben, vos ya te olvidaste. Yo no lo sé decir tan bien como ella, porque jugar no es hablar, es otra cosa; yo sé jugar" concluye tranquilamente. Su hermana continúa con su lógica:

"Jugar es un montón de cosas. Es divertirse, por supuesto, pero no solamente. Para mí es una acción. Es hacer algo que hace pasar el tiempo con placer. La mayor parte del tiempo, te divierte, pero a veces es un sentimiento más difuso. Jugar con amigos es hablar con ellos, pero jugar es también hacer un *Monopoly*. Un juego electrónico, es pulsar teclas. En los juegos electrónicos nos tomamos por adultos. Quienes fabrican estos juegos están convencidos de que los niños quieren ser adultos. No hay ningún juego en el que sos como sos, no te hace sentir que sos vos realmente, los *Sims* son divertidos, porque tenés la extraña sensación de pedirle a alguien que haga cualquier cosa. Jugás con personas –en realidad seres humanos simulados–. Todo es interesante en los *Sims*; le decís a un personaje 'metete en la pileta' y lo hace. Los juegos deberían ser todos divertidos pero no es siempre el caso. Comprar estaciones, calles, es aburrido a veces. El juego 'la *bonne paye*', con mis amigas decimos que es un 'simulador (sic!) de la vida futura'. Tenés el salario después de 30 días, correos, facturas... Como si fueras un adulto. En tres turnos vas a lograr ganar o vas a caer en la ruina. Correr riesgos también es bueno. En el juego los *Pequeños caballos*, te sentís como un jinete en el hipódromo. El *ajedrez* o las *damas* son batallas, como los terroristas, así es cómo te como. En el *Juego del Ganso, Jeu de l'oie*[7], tenés que volver a casa. El *Monopoly* es el Dios todopoderoso, el Dios dinero. En los juegos electrónicos, controlás las cosas que podrías vivir en una vida normal. Los *Diddls*, las *Barbies* y las muñecas, lo divertido de cuando era pequeña era tenerlos en la mano. Los *Sims* son un 'remake' de *Barbie* perfeccionado. Con los *Playmobiles* puedo construirte una casa. Es mejor que los *Sims*, podés fabricar una casa enorme del siglo XVIII... En los *Playmobiles* vos sos todo, podés hacer hablar a las paredes,

---

7. Muñecas.

podés hacer lo que quieras. Jugar es inventar, y no forzosamente divertirse. Es inventar una historia. Hasta con las *Barbies* podes inventar una historia de amor, sólo hay que hacerlo, hasta los nueve-diez años; arriba de un armario, una princesa que duerme debe ser liberada... Sólo las chicas juegan a las *Barbies*. Tampoco conozco a muchos chicos que jueguen a los *Sims*. Podés incluso cortarles el pelo a las *Barbies*. He practicado mucho en esto, podría haber sido peluquera. Mis *Barbies* ya no tienen cabeza... ¡Matar a las *Barbies* es divertido!".

"¡Sobre todo las de mi hermana!" dice Pablo, que escucha atentamente a Lola, mientras que se encoge regularmente de hombros porque su experiencia del juego es diferente. "Yo no pienso como ella, porque soy un varón –dice con fuerza y sin pestañear– y soy pequeño. ¡Yo soy un niño de verdad!". Quien ama el juego por el juego es un niño de verdad, según Pablo. Es un niño winnicottiano o leboviciano, a menos que sean estos autores los que estén cerca de lo infantil. Si tomamos los términos del pensamiento chino, alimentar la vida para un niño como Pablo, *"alimentar su vida"* en el sentido de Zhuangzi (Jullien, 2005, p. 57), es jugar, preservar el impulso vital y así desarrollarlo, reinventar la naturaleza humana infantil y así llegar a serlo realmente. Jugar en el sentido de desarrollar sus capacidades de vida para Pablo, sus capacidades de ilusión para Lola, que emergen en ellos y que muy temprano el niño quiere cultivar.

"Los varoncitos son más bien *Actionman* –matiza Lola–. Leer, usar la computadora... para mí, no hay prioridad entre los juegos. También me gusta probar el rímel de mi mamá o hacerme bigotes de gato. Es muy divertido transformarse en personajes o animales, pero es sólo para ver cómo se siente. Jugar es un mundo grande, pero, de hecho, tu pregunta es demasiado vaga. Bailar también es jugar, depende de si te hace feliz. ¡Tocar un instrumento musical es también jugar!"[8].

En este diálogo sobre el juego entre estos dos niños encontramos la idea de domesticar la realidad (*game*), de trascenderla

---

8. N. de la T.: en francés se usa la misma palabra "jouer" para jugar y para tocar un instrumento de música.

(*play*)[9], de experimentarla, de transformarla, de actuar sobre ella. Además, se plantea la cuestión de la necesidad, de lo que a veces detiene estos movimientos necesarios para el desarrollo del niño y también de las condiciones mismas del juego. Algunos niños ya no pueden jugar porque están desesperados, ya sea porque están sacudidos por acontecimientos traumáticos o porque no hay adultos que construyan el marco de sus juegos, lo que permite el juego, las condiciones de su aparición.

Los niños que juegan o que quieren jugar, se ven en todas partes; no ocurre lo mismo con los juguetes. Estos existen en diferentes formas, pero en algunos lugares son el cuerpo de la madre, de las hermanas u otras mujeres del entorno que asumen esta función y no hay realmente ningún objeto destinado a convertirse en juguete. Se puede transformar una cuchara en juguete y decir que se trata de un barco o de un pájaro, pero después del juego, la cuchara recupera su función principal.

Aquí se invita a los padres a jugar con sus hijos. Allá eso es inconcebible o algunos adultos podrán hacerlo en ciertas circunstancias –por ejemplo, los abuelos o los jóvenes tíos maternos, pero otros no estarán habilitados para hacerlo–. Mi abuela española siempre repetía que hay que permitir a los niños jugar en presencia de adultos, pero, sobre todo, no jugar con ellos porque les impediría soñar –como si jugar con ellos sería del orden de una invasión y del control–. Como si fuera necesario estar allí, pero borrarse para que los niños puedan jugar realmente. En otros lugares, jugar sólo puede pensarse con otros niños, los del grupo etario por ejemplo.

Todas estas concepciones, estas experiencias, estas representaciones deben poder coexistir, por ejemplo, en la clínica, sin prejuicio, y sobre todo partiendo de la representación de los padres y los niños para investir el juego como un espacio de ensueño o un espacio que permita el cuidado, el compartir del juego. Por eso nosotros, además del uso del juego tal y como nos lo han enseñado nuestros maestros, hemos pensado en complejizar el área de juego posible en la consulta.

---

9. Distincion de Winnicott (1975) entre juego (juego reglado) y *play* (juego sin reglas, juego de imaginación).

   Miradas y escuchas sensibles del jugar en las Primeras Infancias

Pero antes de abordar algunos principios, no puedo resistirme al placer de contarles un recuerdo, lúdico pero iniciático, en relación con quien me enseñó a jugar con los niños y los bebés: Serge Lebovici. A mi maestro le encantaba jugar con los niños, también con sus madres, quizás un poco menos con sus padres. Pensaba, sabía, decía que así se curaba realmente a los niños, renovando al mismo tiempo su "ser terapeuta". También le encantaba la informática, presintiendo la importancia de este nuevo instrumento desde el principio de su aparición. Pero la computadora le resistía, no podía manejarla. Un día se tiró al piso con la computadora y se puso a jugar, a tocar las teclas… Un joven psiquiatra colombiano golpeó la puerta de su consultorio y le dijo que entrara sin cambiar de posición. Y dijo con la tonalidad de la evidencia: "Como no conseguía hacerla funcionar la puse en el piso para jugar con ella". ¡Muy bien, maestro!

Volvamos ahora a la situación transcultural en la que padres e hijos pueden tener representaciones diferentes de las nuestras sobre lo que es un niño, lo que necesita para crecer o para curarse, lo que es un padre o una madre… ¿Cómo hacerlos "mestizarse" según el bello adagio de nuestra práctica transcultural?

Jugar para figurarse la alteridad

Pero, ¿cómo se traduce "jugar" en soninké, en mandarín, en soussou, en kabyle, en hindi o en bereber? Por supuesto, no es sólo la traducción de la palabra de lo que estamos hablando, sino la traducción del concepto y el intercambio de la experiencia del juego. ¿Y cuáles son las condiciones del juego? Un día imaginamos que el padre le contaría un cuento a su hijo, pero habíamos descuidado las condiciones de este acto[10]: para el padre contar un cuento y que el niño lo reciba suponía las condiciones de la eficacia de ese cuento: el anochecer, la presencia de los ancianos… tantas condiciones culturales y filosóficas del cuento que había que negociar previamente. Asimismo, hemos discutido sobre la traducción de la palabra "jugar" en una u otra lengua: se trata

---

10. Cf. los trabajos de Danièle Pinon-Rousseau sobre los cuentos en el equipo de investigaciones transculturales de Bobigny (www.clinique-transculturelle.org).

de jugar para jugar, de jugar para aprender, de jugar para iniciarse en un ritual, en el sentido de experimentar o de repetir un guión, se trata de jugar entre niños... Tantas palabras que suponen desfasajes, desviaciones, conceptos... Por qué los conceptos del pensamiento del otro cuestionan nuestra propia representación: "por lo que mueve y perturba en mi pensamiento, libera oportunamente algo impensado", como lo demuestra Jullien (p. 49) para el pensamiento chino y que nosotros experimentamos diariamente con familias de todo el mundo en nuestra consulta.

Por eso imaginamos en el Hospital Avicenne[11] un espacio de tratamiento donde los niños, sostenidos por el grupo de padres y los terapeutas, puedan jugar en nuestra presencia, pero dejando a los padres llevar sus formas propias, sus interpretaciones, sus maneras de pensar y de sentir (Moro y col., 2004). Así, coexisten múltiples maneras de jugar –unos y otros pueden jugar con objetos de aquí, dibujar, hacer escenas de teatro, poner en escena cuentos que dicen la alteridad, el paso de un mundo a otro, de una lectura a otra–. Con nuestra práctica intentamos desarraigarnos para reinventar la práctica psicoterapéutica en una situación multicultural. Esto es especialmente importante para los niños que tienen dificultades para pasar de una orilla a la otra. Por ejemplo, Gül, una niña turca que no habla en la escuela y que me hace interpretar a una mujer con velo. Su madre no es así. Cuando Gül está en la escuela, piensa en su madre envuelta en su tristeza y en su soledad. Cuando está en su casa, piensa en su maestra, a quien nunca habló directamente. Jugar, darme el rol de esa mujer con velo velada por la tristeza y la soledad es una etapa lúdica, una manera de tejer lazos entre el adentro y el afuera. Y habrá otras...

Simone es una niña tamil nacida en Francia. Su familia católica viene de Sri Lanka después de un largo y doloroso viaje. Su padre es refugiado político. Simone, como Gül y otros hijos de emigrantes, pasmados por el clivaje entre los mundos que los habitan, el mundo de aquí y el mundo transmitido por los padres,

---

11. Por ejemplo en el marco del *grupo bilingüe* donde los niños juegan en diferentes idiomas y pasan de una lengua a la otra. Una vez por mes, los padres también vienen a hablar entre ellos y con nosotros de sus hijos y de sus cambios. Sobre el principio del trabajo transcultural con los niños de migrantes, cf. Moro (2008 y 2010).

 Miradas y escuchas sensibles del jugar en las Primeras Infancias

no habla en la escuela (Moro, 2007; Rezzoug y Moro, 2009). Este mutismo extra familiar intriga a su madre, que no comprende por qué esta niña no puede hablar en este mundo que le permitió a su marido sobrevivir. Empieza una larga serie de tratamientos para esta niña que no le gusta hablar ni jugar en el mundo exterior. Cabe señalar que el juego de Simone es pobre y estereotipado en el mundo exterior, así como su palabra es inexistente como si el juego y la palabra fueran equivalentes para ella. Mientras que, por otra parte, su familia la presenta como una niña que en su casa juega, se ríe, le gusta cantar y ver películas tamiles. Cuando llegó a nuestra consulta, comenzamos por contar la historia de su padre, de su madre y de su familia. Uno de los momentos fuertes del trabajo psicoterapéutico va a ser la toma de consciencia de la madre de que una transmisión madre-hija es posible incluso en situación migratoria. "¡Incluso cuando no estás en tu país, podés transmitirle algo a tu hija!" dirá la madre. Y en espejo, Simone podrá figurarse la posibilidad de permanecer en contacto con su madre incluso si las dos no son sostenidas por los mismos mundos. En la sesión que precede al "desenlace" de su palabra "ligada", Simone pedirá jugar al cuento de *Caperucita Roja:* ella será el lobo, yo seré la abuela y su terapeuta individual la madre que envía a la caperucita roja al bosque hostil. Jugar, jugar en nuestra presencia, imaginar a partir de un cuento tradicional occidental, será el primer tiempo de emergencia de su palabra. Jugar y hablar con nosotros será el tiempo cero de su conquista de la alteridad.

Cuando le pregunte a la madre, que se había reído mucho durante toda la escena, qué personaje habría querido interpretar, ella respondió sin vacilación "Caperucita roja". La madre intentaba recuperar lo infantil, el impulso vital en este trabajo psico-terapéutico, y la hija expresaba su agresividad ante este mundo demasiado diferente para que pudiera investirlo sin interrupcio-nes. El encuentro madre-hija en este proceso permitió alimentar la palabra de Simone. La puesta en escena de este cuento en el marco de la psicoterapia transcultural permitió una brecha, una figuración de lo que hasta entonces era impensado por la hija, por la madre y probablemente también por el padre.

A veces no es la extrañeza lo que hay que domesticar, sino el terror. Recuerdo un encuentro en Afganistán con un niño que nos llevó al mundo que le permitió jugar de nuevo.

Jugar para salir del terror

El intérprete y yo hacemos una visita al domicilio de un niño aterrorizado por la guerra. Cuando llegamos, la madre llama a su hijo que está tejiendo. Este es el trabajo que les permite sobrevivir. Vemos llegar a un chico guapo, casi rubio, ágil e inquieto. Tiene cinco o seis años. "¿No te da miedo el viento? –dice su madre–. Cuando el viento sopla un poco fuerte, el niño se esconde en la casa, trata de no escuchar el ruido, ¡se siente paralizado!". "¿Desde cuándo?", le pregunto. "Desde los últimos bombardeos. Ese día había mucho viento y el ruido de los cañones se veía reforzado por el ruido del viento". Desde entonces, el viento actúa como un inductor y le revive el evento traumático. Es importante desligar el sonido de los cañones del sonido del viento y, sobre todo, sacar el miedo que tiene adentro. Le propongo dibujar lo que le preocupa. Pinta un árbol seco, un vaso de té, monstruos. Completo su dibujo, primero haciendo el sol, luego dibujando el viento que se va, que sale del dibujo. Sonríe, habiendo percibido la relación. Su dibujo es realmente hermoso. Se lo digo a través del intérprete. Su mamá me explica que hace dibujos geométricos muy hermosos y originales en las alfombras que él mismo teje. Inventa diseños mientras que la mayoría de los niños y los adultos se limitan a repetir modelos tradicionales. Incluso introdujo armas en los dibujos, "Mig 21[12]", me dice con orgullo, constatando que no sé nada de armas. Es evidente que tiene muy buen gusto e intuición. Quiere mostrarnos la alfombra que está haciendo, pero no se atreve, porque, como nos explicará más tarde la madre, un médico de una organización internacional, que había sido llamado hacía algún tiempo para verlo debido a la importancia de sus síntomas, se negó a mirar la alfombra: "los niños no tienen que trabajar, no tienen que hacer alfombras" habría dicho. Seguimos al niño y admiramos su hermosa alfombra. Se levanta, muy orgulloso y

---

12. Armas utilizadas por los rusos en la guerra de Afganistán.

 Miradas y escuchas sensibles del jugar en las Primeras Infancias

contento de compartir con nosotros una figuración de su mundo. Habla, muestra, intenta hacernos adivinar lo que ha querido representar, se divierte con nuestros errores y juega con los implícitos culturales. Sentimos que podemos compartir las palabras y los sentimientos que ellas conllevan; este niño comenzó a no tener más miedo del viento. Puede no tener más miedo cuando se lo ayuda a sacar las huellas traumáticas iniciales que el viento dejó en su memoria a través de las palabras, el dibujo, el sueño –sueña con muchos animales grandes–, el juego, pero también mediante la fabricación de alfombras, primer intento de elaboración que eligió, medio que es cultural e individual. Así, podremos permitir la transformación de la fragilidad traumática de este niño en creatividad tal como se expresa en su entorno y su casa, y no como nosotros quisiéramos que se exprese.

¿Pero por qué los niños necesitan tanto jugar aquí y en otros lugares? ¿Cuál es el fondo común a partir del cual se diferencian las diversas formas de juego y de creatividad que se observan en todo el mundo? Esto ha sido explorado por las investigaciones transculturales (L›autre, 2006; Lachal y col., 2008) gracias a investigadores de todo el mundo, clínicos, antropólogos, filósofos, en la vida y en el tratamiento. Lo que aparece es que el juego es un proceso de humanización valioso y universal. El juego es el soporte del sueño, de lo imaginario, del fantasma y también del conflicto. Es un espacio intermedio que hace posible y figurable la separación de las primeras figuras de apego. El juego es sin duda un espacio de apropiación de la realidad pero también permite movilizar capacidades de recuperación cuando es necesario, para consolar en el sentido filosófico y clínico del término. Es por eso que en todas partes el niño necesita jugar y los adultos deben crear las condiciones para que sea posible, individual y colectivamente. Pero el juego toma mil y una formas que se valoran de manera muy diferente según el lugar y, como los cuentos, los juegos son infinitos.

> "Con quien se juega es también muy variable y prescrito por la cultura, con los niños, con su clase de edad, con los adultos (lo que es más raro), con los más viejos... En las sociedades occidentales también se juega para aprender, incluso se juega en la escuela, lo que es muy raro en las llamadas sociedades

más tradicionales donde los aprendizajes y los juegos están disociados y diferenciados". (Lachal y cols., 2008).

Por último, queda el tema de los juguetes, que también es diferente. En Occidente, se crean objetos para jugar que se llaman "juguetes", y que sólo tienen ese uso. Están hechos para jugar. Mientras que en muchos países no occidentales se juega con objetos cotidianos o se juega con objetos cotidianos que se convertirán en soportes de juegos, de anticipación, de sueños o de "se hace como si".

Según Calderon, el gran poeta del siglo de oro español, el universo de los sueños habita los sueños en la noche y el teatro en el día, es decir, el juego. Es a este universo al que los he traído... ojalá nos permita jugar y... curar.

Capítulo 2
Jugar por jugar.
Una realidad posible

Damián Calvo | Psicomotricista

J ugar se constituye no sólo en condición para el desarrollo pleno de las infancias, sino también en modos fundantes que nutren una actitud plástica, creativa y estética en nuestra vida adulta y contribuyen a construir y vivir un envejecimiento saludable.

A partir de la invitación a escribir sobre la idea del jugar por jugar, consideré oportuno iniciar el escrito desde de una perspectiva que me permita ubicar la práctica del jugar como expresión de la cultura y generadora de la misma, para luego contextualizar dicha mirada en el escenario de la práctica profesional e interpelar el lugar que ocupa el juego y el jugar en los diferentes territorios de nuestra vida, de nuestra cotidianidad y de nuestro campo laboral.

Jugar representa la matriz de ese modo particular de relación con el mundo en un aquí y ahora como forma singular de existencia, determinada por la realidad social, política y económica, por las creencias, los mitos y rituales. El juego y el modo en que jugamos nos representa ética y estéticamente en la relación con lxs otrxs, con el contexto. Es la expresión misma de un modo de ser, de una forma de transmitir y generar cultura.

Pensar sobre el valor que tiene la práctica del jugar en nuestras vidas y en nuestra sociedad habla del tipo de sociedad que construimos, que deseamos construir y, por sobre todo, el tipo de sujeto que promovemos. Ese posicionamiento frente al juego nos ubica en nuestra vida cotidiana, en el espacio laboral y en la relación con el ocio y el tiempo libre. Expresa nuestra mirada, nuestra valoración sobre la vivencia del jugar, ya sea como expresión de libertad o como instrumento de control y disciplinamiento en una suerte, entre otras, de premio o castigo. Jugar es condición para el ingreso a la cultura, por lo que esa forma de ingreso conformará las matrices lúdicas sobre la que se sustentará el desarrollo del sujeto.

La perspectiva del jugar como expresión de libertad expresa un rasgo fundamental que es su carácter espontáneo, que encierra la idea de jugar por jugar, sin otro propósito que el placer del jugar en sí mismo, caracterizado por su gratuidad o ausencia de utilidad, rasgo distintivo que confronta el sentido utilitario del jugar en estos tiempos. Posición, que en sí misma, se rebela frente al mandato de constituirse en un engranaje más de la maquinaria de consumo, a través del disciplinamiento y la domesticación del juego. Creando la falsa ilusión de elección, sobre lo que, en definitiva, ya está preestablecido.

Resulta oportuna la posibilidad de ubicar el carácter fundante de la relación del juego con la cultura, como un marco de referencia que nos permita subrayar el lugar central que la práctica del jugar habilita asociado con la transmisión intergeneracional del acervo cultural, para la inclusión en la misma, como así también para el desarrollo de la singularidad de cada persona. "El juego sirve, como expresa Frobenius, para actualizar, representar, acompañar y realizar el acontecimiento cósmico" (Huizinga, J. *Homo Ludens*, 1938). Ese movimiento cósmico estaría ligado a la construcción de un orden, el que se constituye como necesario en esa particular relación del hombre con la naturaleza, con el mundo, como parte de ese cosmos. La exploración del mundo por parte del niñx durante su infancia vía el juego, es la misma búsqueda que el sujeto seguirá realizando a lo largo del curso de la vida, pero por otros medios. El intento de conquista del mundo, la comprensión de los fenómenos del mundo. Entonces, el jugar es aquella acción que, en su propia lógica y dinámica, propone la posibilidad de construir sentidos, de crear respuestas, de generar explicaciones sobre esa particular relación causa-efecto, acción-reacción, entre el sujeto y su entorno y por sobre todo intentar dominarlo, aunque más no sea de manera precaria, temporal. Estos modos de respuesta se fundan en experiencias sensoriales que habilitarán el ingreso al mundo de las representaciones, como escenarios posibles de introducción a la dimensión simbólica, al lenguaje, a la cultura.

Graciela Scheines dice: "jugar es un pasaje entre el Caos y el Orden, entre el vacío y el lleno, entre la deriva y el rumbo, subrayando la idea de que jugar es fundar un orden" (Scheines, 1998). Por lo que, frente al caos de la existencia, el juego inaugura posibles rumbos que permiten el tránsito por el vacío existencial hacia la construcción de sentidos transitorios, precarios o, quien sabe, definitivos. La angustia y el miedo frente al caos pulsan la generación del jugar como experiencia que se propone el dominio de esa escena, de esa situación.

En el escrito poético "Cada cual, cada cual, atiende su juego"[1], Eva Giberti (*Revista Escuela Para Padres* Nro. 3) expresa la idea del deseo de parir junto al deseo del nacer, como la plataforma en la que se inaugura la singularidad del bebé, que, parido y nacido, da inicio al tránsito entre el estado de armonía anterior a la necesidad de nacer por parte del bebé, instalando en el cambio abrupto de las condiciones físicas, ambientales, la experiencia del caos, a partir del cual se configurará un nuevo orden. Partiendo de la fluidez, la continuidad y el bienestar en el espacio intrauterino, al pasaje de la primera inspiración, a la experiencia de los efectos de la fuerza de la gravedad sobre el cuerpo, al ruido, hacia el abrigo, el sostén, el alimento, los sonidos y el arrullo materno, habilitando la instauración de un primer nivel de organización. Este punto de partida, ese primer orden en la relación necesidad-satisfacción, establece las matrices para el desarrollo de la pulsión de investigación, de base sensorial, motriz, afectiva, en

---

1. Cuando la mujer inicia su trabajo de parto, no solo prepara su cuerpo para la expulsión de un bebé, también inaugura la primera despedida que se producirá entre ella y su hijo. Por su parte el hijo responde a la decisión conjunta que laboriosamente fabrican entre él y la mamá, ella pariendo y el naciendo. "Cada cual, cada cual atiende su juego", como lo canta la antigua canción infantil. Un juego reglamentado por los ritmos de la vida que festejan el advenimiento del nuevo ser y ocultan los adioses que al separarse definitivamente, intercambian la madre y el hijo, protagonistas de la diferencia que anuda el trabajo unísono del parir y del nacer. *Revista Escuela para padres*, Nro. 3, pág. 3. Los chicos del tercer milenio por Eva Giberti. Publica Página 12.

la que la experiencia de satisfacción marca y define el sentido en sí mismo de esa experiencia. Jugar por el placer de jugar se fundamenta en esas primeras experiencias de pasajes entre el caos y el orden, en busca del dominio y la satisfacción, no sin la figura de otra persona que habilite, sostenga, abastezca y acompañe.

Podemos pensar que el jugar por jugar genera las condiciones para albergar algo del acontecimiento en términos lúdicos, dando lugar a la emergencia de lo espontáneo, de modo tal que esa experiencia original, dentro de un contexto histórico determinado, habilita el desarrollo de las subjetividades. Lo que acontece está por fuera de lo anticipable, de lo previsible, es el acontecer del devenir que irá tallando el modo de Ser Siendo. El carácter inédito del acontecer lúdico, posible de ser desplegado a través de la función de sostén de un otro, genera las condiciones para el despliegue de la búsqueda de una nueva dimensión de control, de dominio, de un modo único e irrepetible de relación con el entorno, dando lugar a las primeras manifestaciones singulares, territorio de base para el desarrollo de la autoría. Por lo tanto, vale subrayar la idea de que la emergencia de lo espontáneo, como expresión y respuesta del sujeto frente a determinadas circunstancias y condiciones, inaugura experiencias, que ligadas al placer, actuarán como plataforma para el retorno a esas experiencias placenteras, generando así nuevos recorridos, que implicarán otros niveles de construcción, complejidad y dominio en el espacio corporal, afectivo y vincular, siendo el juego la modalidad y el jugar la escena para que se despliegue. La construcción de sentidos, como así también el estilo de esa construcción, se da en esa práctica, en ese ensayo que implica jugar. El estilo será el modo, la expresión singular e irrepetible que hace a la construcción de la identidad a partir de sus primeras relaciones objetales.

Retomando la idea de lo espontáneo como modalidad de experiencia fundante y matriz en la constitución subjetiva, tomo una cita de José A. Valeros en un texto llamado "Acerca del Jugar", donde expresa la idea de Winnicott respecto al concepto de ilusión diciendo que:

> "el bebé se relaciona con el mundo exterior a partir de sus gestos espontáneos, en un tipo de vínculo donde las relaciones causales de dependencia o coerción no son reconocidas

ni negadas por el sujeto… al estado mental propio de este tipo de relación objetal lo llamó Ilusión, aludiendo al punto de vista del bebé, para quien el objeto externo es como una continuación de su propio gesto espontáneo. A su vez… este tipo de relación objetal es extremadamente dependiente de funciones maternas muy especializadas, una de las cuales es la de sostener el área de ilusión del bebé".

Sostener el área de ilusión del bebé es instaurar las matrices para su ingreso a la cultura, por lo que podríamos jugar con la idea de que el mundo nace en el gesto espontáneo del bebé en sintonía con la ternura de quien lo sostiene.

Juego porque Juego, de alguna manera esta expresión encierra la idea de que no se trata de ¿por qué y para qué? de ¿cómo?, ¿cuándo? y ¿con qué?, de que debiera ser de un modo u otro, si es de nena o varón, si gana o pierde o de que esté entrenando para el futuro o que desarrolle tal habilidad, o de establecer un rumbo a priori… Solo se trata de entender que no existe nada más maravilloso que ese devenir del jugar en su propia esencia y dinámica como expresión de libertad, en donde lo previsible se diluye en el encanto de un cambio de rumbo, inesperado, espontáneo, en el que el caos puede ser punto de partida, pero ¿por qué no? de llegada para inaugurar un nuevo orden. Donde ilusionar es condición y planificar solo tiene sentido para que ocurra lo imprevisto. Jugar por el solo placer de jugar encierra todo lo necesario para establecer las matrices de aprendizaje para que los sujetos se desarrollen en la vida; espacio cercano a la trasgresión y la rebeldía, en el que la curiosidad se constituye en esa fuerza vital y necesaria. No sin riesgos y necesariamente sostenido por reglas implícitas o explícitas, que, en esos juegos fundantes, de carácter espontáneo, las mismas surgen sin previo aviso, pero necesarias para que el juego suceda. No hay juego sin límites, aunque frecuentemente sean motivo de trasgresión.

Jugar es expresión de libertad en el mismo hacer, en la forma en que las niñas y niños construyen la escena lúdica de manera creativa, haciendo que algo de lo imposible sea posible, que algo del sometimiento se rebele, se transforme de manera activa marcando el destino en esa singular e irrepetible ficción, que, aunque efímera, define una experiencia que marca, deja huella para toda la vida. Pero bien sabemos que la escena lúdica que despliegan es sobre la base de experiencias previas que han transitado, atravesadas por el lugar que lxs adultxs le atribuyamos a ese jugar, siendo nosotrxs lxs adultxs responsables en la generación de las mejores condiciones posibles para su despliegue.

> "Así, la iniciación lúdica al placer estético no pretendería en absoluto 'formar el gusto' de un individuo, sugerirle lo que debe o no debe gustarle, sino despertar su capacidad de disfrutar de la belleza, hacerle cobrar gradualmente conciencia de ese placer y, sobre todo, ayudarle a sentirlo con diversos objetos que él mismo elija, al margen de todo juicio de valor. Evidentemente, este tipo de iniciación no permite aprobar el bachillerato o destacar en sociedad, porque no es ése su objetivo. Lo primordial es aprender a desear estéticamente el mundo, el mundo que a uno lo rodea, y esto es, hablando en puridad, un juego". (Martene Mauriras-Bousquet, "Un Oasis de Dicha", *Revista El Correo de la UNESCO.* Mayo de 1991).

Este impulso vital que caracteriza la búsqueda de experiencias lúdicas está íntimamente determinado por el contexto físico, grupal, vincular y sobre todo cultural. El modelo cultural preponderante determinado por una multiplicidad de factores de orden social, económico, laboral, responde a una dimensión macro política, que se traducirá en el modo singular en el que cada grupo familiar construirá su forma de existencia. Esa forma de existencia será la expresión de la microcultura grupal familiar, a través de la cual transmitimos valores, usos, costumbres a las que les son inherentes dimensiones éticas, morales y estéticas. Estas formas particulares de producción cultural hablan de rasgos distintivos a través de los cuales nos identificamos generando la noción de pertenencia. Cada grupo porta una manera singular de producir cultura, esa microcultura es la que distingue un grupo de otro y a sus miembros entre sí. Siendo el juego expresión de la cultura y a su vez generador de cultura, esto nos permite pensar en las formas lúdicas locales y familiares como expresión de lo que denomino microculturas del jugar familiar. Cuando observamos a lxs niñxs jugando, estamos viendo no solo la singularidad de esa persona, sino también aspectos que se despliegan de esa microcultura del jugar familiar, en la que se expresan los modos de

desarrollo de tramas vinculares, del modo de resolución de conflictos, de la posibilidad de espera en términos de construcción
de la experiencia de satisfacción, de la posibilidad de compartir,
como así también de la apropiación y defensa de sus territorios
de juego, del ejercicio de la libertad o por el contrario de la inhibición en el juego como refugio de la sensación de amenaza. Por
lo tanto, esos modos de jugar hablan de los contextos en lxs que
lxs niñxs se desarrollan. Por ende, no existe posibilidad de juego
sin contexto, entonces el contexto es texto en los juegos.

Si tomamos la idea que desarrolla Tato Pavlovsky sobre el concepto de micro políticas como expresión identitaria y de resistencia de un grupo organizado de personas y que en el escenario de
las microculturas del jugar familiar podrían tomar la expresión
de formas, prácticas, modos de relación, que desnaturalicen lo
que el modelo dominante y hegemónico instituye como lo mejor,
lo esperable, en el que la excelencia, lo útil y lo meritorio se constituyen en ejes de acción. Es en esa matriz lúdica, en esa microcultura, donde se encuentran las condiciones para interpelar lo
que Eduardo Bustelo (2011) desarrolla en su libro *El recreo de la
infancia* como "capitalismo infantil"[2], constructor de "pequeñas"
subjetividades consumistas.

Un adulto que juega abre la posibilidad de habilitar, de re-
editar lo que Moholy-Nagy (1963) dice: "El método consiste en
mantener en la obra del adulto la sinceridad emocional, la exac-
titud en la observación, la fantasía y la creatividad del niño", esa
obra es, sin dudas, la experiencia liberadora del jugar, traducida
en el arte, en las ciencias, en la actitud frente a la vida, en el jugar.

> *"Tenemos que obligar a la realidad*
> *que responda a nuestros sueños,*
> *hay que seguir soñando hasta abolir la*
> *falsa frontera entre lo ilusorio y lo tangible,*
> *hasta realizarnos y descubrirnos*
> *que el Paraíso estaba ahí*
> *a la vuelta de todas las esquinas".*
> Julio Cortazar

---

2. Miguel Rep. *Página 12*. Sábado 11 de junio de 2016.

Entonces, luego de esta introducción al concepto de jugar por jugar, asociado al juego espontáneo, desarrollo a continuación un par de viñetas que servirán como soporte para ampliar la perspectiva en torno a las ideas antes mencionadas.

El territorio donde comienzo a pensar la dimensión del jugar por jugar como acción fundante en el desarrollo del sujeto, es en el marco de la Asociación Civil Centro lekotek. Entidad que nace en el año 1963 en Estocolmo, Suecia. En sus inicios fue creada por iniciativa de un grupo de madres con hijxs con discapacidad, preocupadas con la idea de facilitar el despliegue del juego en sus niñas y niños, entendiendo al mismo como condición para su desarrollo saludable, por lo que para que sus hijxs tengan mejores oportunidades era necesario que jugaran. Esta necesidad fue tomando forma y sentido a través de la creación de un centro que definió como su misión: "la integración de niños con discapacidad a sus familias a través del juego". La llegada de lekotek a Buenos Aires no es desde Estocolmo, sino desde Chicago en EE.UU. Llega a este último como iniciativa de dos maestras norteamericanas que interesadas en la metodología se capacitan y la ponen en marcha en la ciudad de Illinois en Chicago. Sistematizan su experiencia generando una política de multiplicación de centros lekotek, llegando a gran cantidad de estados.

En el año 1990 inicia sus actividades en la ciudad de Buenos Aires, en el barrio de Flores, en la calle Tandil. Es oportuno aclarar que el principio que rige en lekotek argentina, es el de "garantizar el acceso al juego a toda niña, niño y su familia, entendiendo su práctica como condición para su desarrollo saludable e ingreso a la cultura", "siendo, a su vez, uno de los derechos[3] fundamentales de la infancia". Cada lekotek tiene autonomía en torno a las modificaciones que considere necesarias en la aplicación de los principios y metodología, respondiendo así a la idiosincrasia de los territorios donde funcionan.

Voy a hacer referencia a una actividad que es propia de todas las lekotek, el Programa Familias, enfocado en el desarrollo de

---

3. El derecho al juego se define en el artículo 31 de la Convención sobre los Derechos del Niño como "Los Estados Partes reconocen el derecho del niño y la niña al descanso y al esparcimiento, al juego y a las actividades recreativas propias de su edad y a participar libremente en la vida cultural y en las artes".

encuentros de juego con las niñas y niños y su grupo familiar, el que habitualmente incluye préstamo de juguetes.

A partir de las experiencias que fuimos desarrollando con el equipo de profesionales en el marco del programa, subrayamos la idea del jugar como manifestación de capacidades, sean cuales fueren. Entendiendo que lo que se pone en juego en la escena lúdica es el despliegue de esas mismas capacidades. Esta idea toma particular significación tomando en cuenta que la población que en su mayoría ha participado en este programa son niñas y/o niños con algún tipo de discapacidad. Este punto de partida en torno a la idea de "capacidades" surge como posicionamiento frente al otro, que propone ubicarlo en un potencial al que le es inherente un valor, una capacidad, potencial que podrá ser desplegado en el jugar. Esto no implica que esas capacidades sean un observable sencillo y directo, por el contrario, nos encontramos muchas veces que la impronta de la presencia de la discapacidad irrumpe de manera muy intensa, impactando de tal forma, que captura la singularidad de esa persona, haciendo de la discapacidad el signo de su identidad. De ahí que

> "La posición ética de los adultos se va a manifestar a través de la posibilidad, frente al niño con discapacidad, de reconocerlo como sujeto de deseo; de verlo por sobre la discapacidad. Mirada que intenta encontrar nuevos sentidos y significados para ir construyendo matrices absolutamente originales. Ahí donde el saber de las madres y los padres debe ser resignificado, descubierto por fuera de lo habitual y esperado. Necesidad de encontrar una 'nueva legalidad', a través de la cual se sientan habilitados como padres y como tales abran la posibilidad de construir caminos para el desarrollo de ese niño/a".

Si el juego es aquella experiencia que por su misma naturaleza le es inherente la activación de las capacidades, es en ese mismo escenario en el que se pueden fundar nuevas miradas y relaciones entre los que juegan a partir del encuentro de esas mismas capacidades. Acercándonos a la idea de Graciela Scheines, jugar será, por lo tanto, la posibilidad de fundar un nuevo orden.

A continuación, comparto dos viñetas de experiencias de encuentros de juego en el marco del Programa Familias.

David: Jugar es posible

Recuerdo a una madre que llega a lekotek con su hijo pequeño, en esos momentos yo me encontraba en la coordinación del Programa Familias para los afiliados pertenecientes a la obra social del SUTERH (Sindicato de Trabajadores de Edificios de Renta y Propiedad Horizontal). Se trataba de un niño cercano a los dos años con un diagnóstico de disgenesia del cuerpo calloso, manifestando, entre otras cosas, un pronunciado retraso en el desarrollo psicomotor. Dado a ver por su precario sostén de la posición sentado y la ausencia de la utilización de sus manos y brazos en la posición de gateo, apoyando su cabeza a través de su frente, empujando con sus pies hacia adelante. Había una mirada expresiva y sostenida en el contacto con uno y una marcada sonrisa. En esa primera entrevista la frase de inicio del encuentro por parte de la madre fue "vengo acá porque el médico me dijo que mi hijo va a ser como un vegetal".

Teniendo en cuenta que no se trataba, necesariamente, de la literalidad de las palabras enunciadas por el médico, sí de los efectos de estas en la figura de la madre, determinando un destino trágico por sobre toda posibilidad de desarrollo saludable que ella pudiera ilusionar. Su hijo iba a ser como un vegetal, era mirado por ella con extremo temor.

En este sentido el destino trágico, ligado a la discapacidad, se instala, en tanto, como en toda tragedia se presenta lo inexorable del destino, algo que los sujetos no van a poder modificar, la situación de discapacidad. La escena del destino Trágico remite a preguntas que dan cuenta de la situación de extrañeza: ¿por qué a mí?, ¿por qué a nosotros? No se trata de la ajenidad como reconocimiento del otro como sujeto, sino, por el contrario, de otro como extraño, fuera de mis entrañas al que no puedo reconocer como propio, esto, en discordia con las fantasías e ilusiones de los padres, algo de lo no esperado amenaza la integridad e identidad familiar. En la medida que esta vivencia trágica no se modifique, permitiendo otra mirada, el destino trágico está sellado. La discapacidad se apropia del proyecto signando a esta niña, a este niño, en una identidad que lo desconoce como sujeto. Esto, por condición, implica en los padres, en el grupo familiar, en la persona con discapacidad un acto fundamental: el trabajo de duelo, el que posibilitará tramitar la pérdida de lo que no pudo ser. El espacio de juego habilitado para estas familias les permite construir modos singulares para transitar por el trabajo de duelo.

En el encuentro de juego, algo del riesgo a que se rompiera el cuerpo de su hijo estaba representado en la extrema sensibilidad por parte de la madre, limitando su despliegue corporal, obturando cualquier iniciativa que él pudiera desplegar. Potenciado por "accidentes", caídas, en el espacio de la casa, que generaron una serie de chichones que presentaba en su frente. Es posible que el efecto del sentimiento de ambivalencia en la relación con su hijo actuara a través de ciertos descuidos que no garantizaban los suficientes cuidados para evitar los golpes, sentimiento agravado por la impotencia experimentada frente al diagnóstico que sella toda posibilidad de proyecto. La violencia del discurso opera en el imaginario de la madre, se extiende al cuerpo del niño. En el escenario anteriormente descrito el jugar no tenía lugar, la dimensión del juego no estaba instalada en el vínculo de esta madre con su hijo, por lo tanto, no había oportunidad para la sorpresa, para lo inesperado en términos de conquistas y descubrimientos, para el acontecer lúdico como posibilidad de cierto devenir que promoviera el desarrollo y conquista de su cuerpo, del entorno, del mundo, a través de experiencias vividas como placenteras, gratificantes.

Por lo tanto, no había espacio para la ilusión por parte de la madre, de imaginar a su hijo más allá de su discapacidad. Aquí, la ilusión, como aquella operación que nos permite ubicarnos en un lugar diferente en el que estamos, en el que se encuentra esa madre en la relación con su hijo. Componente esencial en la escena lúdica como oportunidad para dar lugar al deseo. En la medida que la madre no se habilite en la posibilidad de "donar ilusión"[4], el imperativo de la imagen de su hijo como vegetal cristaliza la presencia de la discapacidad. ¿Cómo proyectarse a través de ese hijo?, ¿cómo trascender, a través de la figura de su hijo?

---

4. En palabras Sergio Fajn "no hay posibilidad de donación de ilusión por parte de la madre".

El riesgo de una madre desilusionada de la realidad frente a la discapacidad es que no exista la posibilidad de construir un nuevo espacio para la ilusión, a partir del cual sea posible imaginar al niño en un lugar diferente del que se encuentra. Muchos de los adultos con los que trabajamos vienen con un déficit en el juego, en particular en una pieza esencial que es la capacidad para Ilusionar, obturando, rigidizando su actitud lúdica, perdiendo plasticidad para la generación de puertas y caminos para que el juego ingrese y se despliegue.

Justamente, el desafío de nuestra tarea propone habilitar la ilusión, de posibilitarles ilusionar, de encontrarse en otro lugar, en otra escena a partir de encuentros de juego. El espacio del jugar es escenario propicio en donde se despliega el ejercicio de la ilusión.

Desde esta perspectiva, a partir del montaje lúdico que se propone, en un espacio en el que el niño se encontraba sobre una colchoneta, rodeado de objetos blandos, de colores atractivos, combinados con otros juguetes, provocando su interés y por ende su deseo de tomarlos, la madre, como partícipe fundamental en el encuentro de juego acepta la propuesta de permanecer a una "distancia óptima"[5] de David. Esa distancia estaba mediatizada por mi figura como facilitador del despliegue lúdico de su hijo. Comienza a producirse un primer momento de inseguridad y espanto de la madre, manifestado a través del ocultamiento de su mirada con sus manos sobre el rostro, gritos, inspiraciones profundas, agitación de sus brazos, frente a la experimentación de movimiento de su niño, dando cause a la fantasía de la amenaza que implicaba un nuevo golpe, la posible "rotura" y por ende el agravamiento de la patología.

A pesar de la intensidad afectiva por la que la madre transitaba los encuentros, sostuvo el acuerdo de no acercarse corporalmente. Esta experiencia de distancia, que permaneció en la secuencia de varios encuentros, estableció la oportunidad de inaugurar nuevos acuerdos con su hijo, comienza a construir un borde, un nuevo límite, definiendo un territorio en el que el impulso de

---

5. Expreso la idea de distancia óptima en esta escena como aquella de caráceo ter subjetivo que implica ni tan lejos, ni tan cerca, de modo tal que imprima sensación de seguridad y acompañamiento y al mismo tiempo su presencia no sea percibida como intrusiva con relación al cuerpo de su hijo.

  Miradas y escuchas sensibles del jugar en las Primeras Infancias

tomarlo se detiene, la mirada urgente comienza a transformarse en mirada paciente, surge la contemplación sobre el juego de su hijo. Comienza a integrar la temporalidad que identifica a David en su modo de jugar, de sus ritmos, su tempo, en la conquista del mundo, sorprendiéndose de su despliegue. Se generan las condiciones para el despertar de la ternura en la mamá, de la actitud habilitante inaugurando la posibilidad de un proyecto en torno a su hijo, jugar puede ser posible.

> *"Jugar es no pedir por un momento a la vida*
> *que sea otra cosa que lo que es*
> *ni que tenga otra finalidad más que ella misma".*
> Martine Mouriras Bousquet
> ("Un oasis de dicha")

Lucía: Jugar es la vida misma

La dimensión del jugar es del orden de lo vital, recuerdo otra experiencia en el espacio de lekotek, con una niña que en esos momentos tenía alrededor de 9, 10 años, que se hace presente junto a su mamá y que, en los sucesivos encuentros de juego, cada tanto, participará su hermana. Diagnosticada con una patología denominada siringomielia, caracterizada por la formación de un quiste en la médula espinal, lo que causa extremo dolor e implica que diariamente tome su máxima dosis de morfina. Se alimentaba a través de una sonda nasogástrica ya que el volumen de alimento que ingería por sus propios medios no era suficiente. En este contexto iniciamos los encuentros de juego. La complejidad de la situación en la que nos encontrábamos en el espacio de juego estaba expresada, por un lado, en la oferta de propuestas en las que el despliegue corporal era administrado de forma tal que evitara, en un corto tiempo, agotarse físicamente, incrementándose su sensación de dolor; por el otro lado, el surgimiento de la imperiosa necesidad por parte de la niña de desplegar su juego corporal, como tomando revancha de aquellos años cuando, más pequeña, sucesivas y prolongadas internaciones le habían impedido jugar como lo hiciera una niña de tres, cuatro, cinco años, momento en el que trepar, correr, saltar, rolar, bailar, fueran formas esperables, esto hacía que sus juegos tomaran gran intensidad de movimientos, como lo era saltar de un lado a otro sobre un caballito inflable, como una suerte de resorte contra el piso. Cuando esto sucedía sus síntomas de malestar aumentaban, momento en el cual se detenía el juego, se retiraba con la madre al baño, donde le daba el calmante. Me pregunto: ¿Cuál sería el límite del juego que posibilitara transitar el mismo de la manera más saludable posible? ¿Qué lugar ocupa el jugar en la construcción de ese "borde" entre el padecer y el ser protagonista en la toma de decisiones de la forma en que desea vincularse con la vida? Un primer nivel de respuesta lo plantea la niña en uno de los encuentros de juego en el que luego de desplegar una intensa actividad corporal, empalidece, se detiene y junto con su madre se retira a tomar el calmante, a su regreso le propongo que paremos un poco, que podíamos hacer otra cosa e incluso si lo deseaba finalizar el encuentro, a lo que ella responde: "No, yo quiero seguir jugando, prefiero regresar a mi casa con dolor por haber jugado y no quedarme sin jugar teniendo el mismo dolor". Ya no se trataba solo de la lectura que uno podía hacer de su malestar y como consecuencia determinar hasta donde sería razonable que jugara, sino fundamentalmente del sentido vital que la experiencia de juego le devolvía a ella en su posibilidad de construir su propio camino, su destino. Lo que la dimensión de órgano muestra como límite a través del dolor físico, la dimensión simbólica del jugar le restituye su deseo, el que a través del juego activa y asume su derecho a elegir. Ese derecho a elegir la ubica en un lugar de autoridad frente a su padecer, que a su vez implicaba una negociación, un acuerdo con su madre, con mi persona, con el fin de preservarla en esa conquista, sin llegar al borde de un profundo malestar. Este salto cualitativo de su posición frente a la vida activa otras posibilidades de nuevas conquistas. Recordemos que antes mencioné que se alimentaba por sonda nasogástrica para compensar la poca ingesta de alimentos. El punto es que, a partir de su activación corporal en el juego, se abre su interés en otras dimensiones de juego dramático, que era el de hacer picnic. Gran despliegue de telas en el piso como si fuera en un gran parque, vasos, botellas, y diferentes comidas de plástico armaban este momento, que, junto a su hermana, su mamá y mi persona se desarrollaban conversaciones de todo tipo, convidándonos y saboreando exquiteces imaginarias. Cada tanto se levantaba, jugaba corporalmente como en un parque y retornaba al picnic. En uno de los encuentros, conversando de comidas, descubro que la madre es una muy buena cocinera por lo que surge la idea de incorporar a nuestras reuniones en el parque comida real, ya que sabía perfectamente qué era del gusto de su hija. Esta peculiar relación de la escena lúdica, de enorme placer para la niña con la presencia de comida, en muy pequeñas porciones, amplía la experiencia acercando y extendiendo el placer de jugar al interés y placer de comer; al punto tal que las escenas de juego se transforman en programas de cocina en los que se traía comida hecha por la madre, los que culminan en la extensión del espacio de juego a la cocina donde cocinábamos panqueques, que luego compartíamos con otras personas de la institución. Esa nueva conquista hizo que el médico reevaluara su situación determinando que estaba en condiciones de retirarle la sonda nasogástrica y se alimentara por sus propios medios. Sin dudas la madre, que permanentemente sostuvo, acompañó y generó las condiciones para que su hija encontrara otros contactos con el placer y el bienestar, logra reencontrarse, ella misma, en un lugar de profunda resignificación en su función materna, en tanto función nutricia. Retorna la posibilidad de alimentar a su hija, como tempranamente lo había hecho antes de la primera internación alrededor de los dos años. Internación que interrumpe esa función, sustituida por la leche especial y la sonda, recuperando, ella también, otro protagonismo en la crianza. El sentido y el camino que fueron tomando los encuentros de juego eran el resultado de un acuerdo colectivo que se reinauguraba en cada inicio, siendo la niña la protagonista y en todo caso la hermana y la madre coprotagonistas, alternando con personajes secundarios. Uno podía prever, imaginar y por ende diseñar un espacio en tormo a un próximo encuentro, que reflejara algo de lo acontecido y vivido como placentero de los encuentros pasados, partiendo de la premisa que en la reedición de la escena se fortalece y despliega el dominio sobre la misma, generando nuevas alternativas y miradas, nuevos recorridos, pero al mismo tiempo disponible a que nada de eso ocurriese y que se inaugurara algo nuevo, distinto, inédito.

Retomando la pregunta sobre el lugar que ocupa la habilitación del jugar en una condición en la que el dolor es un estado casi permanente, no sin sufrimiento, en una batalla contra la muerte, esa legalización habilita el deseo, dando cuenta que en el juego está viva, está presente una niña deseante que determina e inscribe en su cuerpo la forma de su existencia, subsumiendo el dolor al placer de Ser Jugando. Experiencia que resignifica el sentido de su vida, jugar por el solo placer de jugar.

De ilusiones y utopías

> *"De nuestros miedos nacen nuestros corajes y en nuestras dudas viven nuestras certezas. Los sueños anuncian otra realidad posible y los delirios otra razón. En los extravíos nos esperan hallazgos, porque es preciso perderse para volver a encontrarse".*
> Eduardo Galeano

Hay que tener coraje para romper lo instituido en el discurso, en la mirada, en el vínculo, hay que tener coraje para plantarse en el deseo, desde el deseo.

Las madres de David y Lucía nunca perdieron la ilusión, la de ver más allá de una digenesia, de una siringomielia, descubriendo a ese niño, a esa niña que pulsaban por ser vistxs. Comprendiendo su derecho a soñar otra realidad posible, donde el delirio, como algo casi loco o como una locura, se constituye en aquel espacio en el que la imaginación asume el poder en términos de cambio. Como dice E. Galeano "...es preciso perderse para volver a encontrarse" , entrar en el territorio del vacío, animarse a perderse, a dar ese salto, ahí, donde no hay certezas, sino temores y fantasmas, ahí donde no hay saberes previos que puedan aplicarse a esa realidad, donde es necesario asumir nuevos riesgos, donde la utopía nos impulsa a esa marcha constante, con pausas llenas de deseo y de dudas, con caminos que se bifurcan haciendo que los recorridos se abran en múltiples direcciones. Direcciones que como rumbos marcan la elección de un sendero que irá dejando huella, el sendero de la vida y el del juego contra la muerte. En una experiencia asimétrica y constructora de sentidos entre madres e hijxs. En la que lxs adultxs asumen la responsabilidad y la dimensión de habilitar el deseo, de garantizar las condiciones para el despliegue de lxs niñxs al encuentro con la vida, con la compensación de la reciprocidad en el vínculo, reforzando la función de sostén a partir de las conquistas y el empoderamiento de diferentes niveles de autonomía de sus hijxs.

Nuestra tarea es la de reestablecer las condiciones para que las familias, adultxs y niñxs puedan seguir jugando, desarrollando su ternura, su capacidad de amar. Habilitar el saber de los padres como punto de partida para la construcción de un vínculo significativo, que facilite el encuentro con el saber de lxs niñxs, jugando.

Se pueden ver más contenidos audiovisuales a través del siguiente anexo digital

https://germyd.wixsite.com/miradas-y-escuchas/cap2

Capítulo 3
Sin jugar no hay infancia
(¿es posible jugar por ley?)

Marcela Armus | Psiquiatra

> *"En un gran almacén de juguetes*
> *hay una alegría extraordinaria*
> *que lo hace preferible a un hermoso piso burgués.*
> *¿No se encuentran allí toda la vida en miniatura,*
> *y mucho más coloreada, limpia y reluciente*
> *que la vida real?"*.
> Charles Baudelaire,
> "Moral del juguete"

Situando un comienzo

"Es por medio del juego en la infancia y del trabajo en la edad adulta; que el hombre ejerce el poder sobre la naturaleza y produce la cultura, hace historia", escribió Walter Benjamin (1933). Para el filósofo y ensayista "la esencia del jugar no es solo un 'hacer de cuenta que', sino un 'hacer una y otra vez', la transformación de las vivencias más emocionantes en hábito". ¿Qué serían los hábitos? Benjamin los describe como "formas irreconocibles, petrificadas, de nuestra primera dicha, de nuestro primer horror" (Benjamin, 1933). De esta manera no se pone en crisis la vivencia, como vivencia inmediata, sino la experiencia en el sentido de una memoria que excede el ámbito personal o privado y resulta comunicable. El jugar adquiere así un carácter colectivo o compartido: se transforma en un valor de la vida en comunidad que debe garantizarse.

La repetición en el juego sería, entonces –y aquí Benjamin sigue al pie de la letra el texto de Freud *Más allá del principio del placer* (Freud, 2005)–, no sólo una manera en la que el niño reelabora experiencias primitivas terroríficas sino también una forma de gozar de triunfos y victorias. "En el juego –dice Agamben– el hombre se desprende del tiempo sagrado, histórico y lo 'olvida' en el tiempo humano" (Agamben, 2005a). Aquí se sitúa un concepto que es medular en relación al juego y su trascendencia: el sentido de lo profano.

A partir de la pandemia y los confinamientos el uso de muchos objetos cambió de destino: su sentido oficial, convencional, fue "profanado". La profanación es una de las funciones del juego en las prácticas de la vida cotidiana. Puede ser que los niños jueguen y profanen

> "un elemento de la esfera judicial (un expediente transformado en un avioncito), o del ámbito militar (un misil transformado en un caballo), religioso (una estatuilla de un santo transformada en un compañero de andanzas) o, por qué no (y esto puede sernos de mucha utilidad), del ámbito escolar. En cada uno de esos casos el juego profana, separa, al objeto en cuestión de su uso 'oficial' y le da otro uso, propio del juego". (Agamben, 2005b).

La película "El globo rojo"[1] es una descripción sublime de la experiencia lúdica que acompaña el sentimiento de soledad y de amistad, de creación y de fantasía, de violencia y de ternura, en un mundo de poco diálogo. El relato muestra la historia de un niño y un globo que son testigos únicos de la virulencia y la crueldad del trato de algunos adultos o de sus pares, construyendo en el jugar una relación maravillosa entre ambos que no cabía en la casa, en la escuela ni en el barrio. La dulzura, el amor y lo risueño de la infancia tiñen un contexto difícil pero esperanzador: el juego como protagonista de una subjetivación poderosa a resguardar y proteger. El globo rojo, además, es un proyecto de la **Asociación Internacional por el Derecho del Niño/a a Jugar**[2]: eligieron este nombre para el proyecto por la empatía con el mensaje de Albert Lamorisse, realizador francés, que relató poéticamente en su cortometraje "The Ballon Rouge".

El presente, el juego y la CDN

La circunstancia de época cambia siempre la referencialidad histórica en la que queremos situar nuestros escritos. Este artículo

---

1. Lamorisse, A. (Dir.), "The Ballon Rouge", 1956.
2. Ver http://www.ipaargentina.org.ar/.

comenzó a gestarse en el año en que conmemorábamos el 30 aniversario de la Convención de Naciones Unidas sobre los Derechos del Niño (CDN), festejando sus aciertos y abriendo la mirada para sus nuevos desafíos y ajustes. Hoy el acontecimiento histórico de la pandemia por Covid-19 resitúa toda perspectiva, inunda, conmueve y transforma todo lo que sucede en los ámbitos de la vida cotidiana a nivel global. Nos llenamos de preguntas y transitamos más que nunca en la historia de la humanidad un camino de profundas incertidumbres sobre el devenir, las normalidades, los hábitos, los vínculos, la relación con los entornos, las geografías y por sobre todo la visibilización de las grandes diferencias que trazan el mapa de las inequidades en el mundo, afectado tan crónicamente por algunos indicadores de exclusión y padecimientos.

En este contexto la afectación de cualquier política de derechos humanos requiere de una urgente contextualización temporal y espacial, ambas categorías jaqueadas por esta revulsiva situación de la humanidad. Las actividades de los niños, el juego y el jugar se han presentado como nunca como un aspecto vital para encarar esta inédita situación, el trauma y muchas veces lo ominoso –tocando nuestra vida cotidiana–, hizo emerger las posibilidades singulares de cada sujeto, las capacidades familiares y sociales de favorecer la elaboración de esta emergencia, las resiliencias y la oferta restringida de espacios compartidos (educación, recreación, espacios públicos). Pero la heterogeneidad de respuestas dio cuenta de la diversidad aun en situaciones tan extremas: no todo fue catástrofe.

Si ayer festejábamos los 30 años de la CDN, hoy pensamos el mundo bajo el cielo de la pandemia que trajo mundos novedosos para las infancias y demanda renovar diálogos. Es necesario pensar el derecho al juego ligado a los determinantes sociales y ambientales, derecho al juego y trauma, defensa desde la pura pulsionalidad del niño y transformación de la realidad desde el derecho a jugar.

El artículo 31 de la CDN manifiesta:

1. Los Estados Partes reconocen el derecho del niño al descanso y el esparcimiento, al juego y a las actividades recreativas propias de su edad y a participar libremente en la vida cultural y en las artes.

2. Los Estados Partes respetarán y promoverán el derecho del niño a participar plenamente en la vida cultural y artística y

propiciarán oportunidades apropiadas, en condiciones de igualdad, de participar en la vida cultural, artística, recreativa y de esparcimiento.

En este artículo el juego tiene una jerarquización distinta al descanso. El esparcimiento y la recreación figuran como actividades mezcladas en la vida diaria de los niños que no son reguladas por adultos, aunque sí garantizadas por ellos. El problema básico de la infancia en relación a los derechos y a la reciente categoría de "niños sujetos de derecho" es que no pueden **autorepresentarse** (Bustelo, 2007) y, sin esta capacidad, la defensa de los derechos humanos en esta etapa quedará en manos de los adultos. Deberemos asumir que tanto el derecho al juego como el derecho a ser escuchados deben ser ejecutados en su plenitud en las voces y acciones que involucren a los niños activamente.

No olvidemos que **la infancia es permanente, no transitoria**. Que los derechos de los niños son **derechos sociales** y todos somos responsables por ello. Que los derechos en la infancia se reconocen en su condición de existencia, pero **se desconocen en su condición de ejercicio**. El estatus del juego dentro de la CDN refleja estas actitudes y a menudo ha sido pasado por alto como derecho en sí mismo[3]. Pero "sólo cuando entendamos la naturaleza del juego, podremos entender cómo mejorar el destino de las sociedades humanas en un mundo mutuamente dependiente, el futuro de nuestra especie, y quizás incluso el mismo destino de la biosfera".

Los artículos de la CDN a menudo se agrupan en las "tres Pes": protección, participación y provisión. Se considera a estas categorías en relación con el juego en las infancias y lo que esto puede suponer en cuanto al reconocimiento por parte de los adultos del juego como un derecho. A partir de esta tríada sugerimos pensar que los niños pueden crear su propia autoprotección a través del juego, y que el juego es el modo principal utilizado para participar en sus propias comunidades. Partiendo de este punto, la responsabilidad de los adultos de promover el juego y sus áreas de desarrollo supone asegurarse que las condiciones sean las idóneas para que el juego tenga lugar.

---

3. Ver Red de información de los derechos del niño (CRIN) http://crinarchive. org/espanol/index.asp.

Contextos y observaciones entre juego y trabajo: salir de la mirada adultocéntrica

El trabajo precoz sustrae al niño del tiempo/espacio de la infancia. El derecho a jugar compromete a los Estados y a los miembros de la comunidad a prohibir el trabajo infantil y a condenar cualquier intento de usurpar a las infancias una vivencia libre de trabajo y explotación.

En ocasiones, no siempre, existe una separación poco clara entre el juego y el trabajo, ya que no están visiblemente divididos por el tiempo y el espacio. El juego de los niños está a menudo entremezclado con el trabajo, la educación y otras rutinas diarias o se desarrolla entre los "agujeros" temporales dejados por los adultos al organizar el espacio y tiempo de las infancias.

La cuestión del control, junto con su naturaleza intrínseca e intersticial, introduce una de las múltiples paradojas sobre el papel de los adultos y de los Estados Partes, ya que pone en práctica una legislación y proyectos que avanzan sobre la verdadera posibilidad de generar espacios de ejecución del derecho a jugar.

Si concebimos el juego como una actividad no controlada por los adultos y como parte integrante de la vida diaria, es necesario pensar más allá de los espacios y los programas dedicados al juego bajo la "sanción" de los adultos. Un aporte sería acercarnos a una consideración multidimensional, subjetivante, constructiva, ecológica, política, económica y transversal más amplia sobre la capacidad de las infancias a desarrollar el derecho a jugar en sus vidas diarias y en sus barrios, reteniendo de ese modo el control. La capacidad activa de niños y niñas de ser actores de sus propios devenires es el ejercicio pleno (lo más pleno posible) de su condición de sujetos de derecho.

Reconocer, respetar y promover el derecho a jugar

El artículo 31 de la CDN destaca tres papeles diferentes pero interrelacionados de los Estados Partes: **reconocer, respetar y promover** el derecho de los niños a jugar.

Reconocer la importancia del juego en la vida de los niños constituye un pilar indispensable para después respetarlo y promoverlo como un derecho. Para ello es necesario poseer un buen entendimiento de la naturaleza y los beneficios del juego, perfilados a lo largo de todo este libro.

Respetar el derecho a jugar implica que los Estados Partes "no deben negar ni limitar el acceso al disfrute de los derechos"[4]. Esta definición concuerda con la percepción del juego como algo que pertenece a las niñas y los niños y no como algo que deba ser directamente organizado por los adultos; destaca la necesidad de que los adultos sean conscientes de la propensión de las infancias a jugar dondequiera que estén y con lo que tengan a mano.

Será cuestión de favorecer la presentación de objetos, facilitar la exploración y uso, para que los niños desplieguen su capacidad lúdica y desarrollen su manera de hacerse al mundo real y simbólico, amplifiquen sus particularidades y organicen sus subjetividades. Es necesario que los adultos respeten esta concepción del juego al planificar entornos específicamente destinados a los niños (como escuelas, salas de hospitales y espacios para el cuidado y ocio infantil). También es necesario que los adultos respeten el juego de los niños al organizar la economía y el entorno, por ejemplo, en la planificación urbanística y del tráfico en zonas urbanas, en la industria y la agricultura, en las zonas de conflicto, así como en las respuestas en casos de desastres naturales.

Este último aspecto tuvo enorme vigencia a la luz de los efectos arrasadores ocurridos por la pandemia de Covid-19: el irremediable control sanitario nos coloca en el desafío de la invención de lo cotidiano para que el juego de las infancias siga fluyendo y, aun más, permita habitar los espacios compartidos para la elaboración de semejante situación traumática.

Promover el derecho de niñas y niños a jugar es necesario ya que a menudo su importancia es pasada por alto y los adultos lo conciben como "un lujo, más que como una necesidad vital". Aunque los niños encuentran el modo de jugar, la prioridad que se da a las agendas de los adultos en los procesos políticos y económicos con frecuencia no tiene la menor consideración sobre

---

4. Carvalho, "Children's right to play: An examination of the importance of play in the lives of children", Comité de derechos económicos, sociales y culturales (CESCR) de Naciones Unidas, 2008.

la capacidad de las infancias de ejercer su derecho a jugar, tanto en la vida diaria como en circunstancias extremas.

Promocionar el derecho a jugar puede implicar asegurar que las condiciones sean las idóneas para que niñas y niños jueguen. La responsabilidad de respetar este derecho no recae exclusivamente en los Estados Partes: es necesario promoverla también entre el resto de los adultos ya que todos, desde los responsables políticos hasta los profesionales, cuidadores y la sociedad en general, tienden a ignorar, obstruir o colonizar el juego de los niños.

El **Programa Nacional de Derecho al Juego "JUGAR"** (junio 2020)[5] es un ejemplo de política pública cuyo fundamento visibiliza el corazón y el sentido del juego y el jugar en la vida privada y pública de los niños. Según sus fundamentos: "El juego es un medio de socialización que conjuga emociones, sentimientos, experiencias, conocimientos y relaciones interpersonales donde los niños, niñas y adolescentes aprenden a conocerse a sí mismos e interactuar con los demás". Por ello entiende que "la promoción y efectivización del derecho al juego y a las actividades recreativas debe desarrollarse como política pública integral" en la cual tienen que enfocarse tanto gobiernos provinciales y locales como organizaciones sociales y comunitarias, en pos de la comprensión acerca del valor que tienen las actividades lúdicas.

La resolución 714 de la Secretaría de Niñez, Adolescencia y Familia entiende que jugar constituye un aspecto fundamental en el desarrollo pleno y saludable de la infancia y la adolescencia desde su enfoque integral:

> "Se constituye también en condicionante para el desarrollo y construcción de la propia identidad, como así también para la socialización con el entorno y la identidad colectiva, ya que permite nuevas formas de aprehender el mundo. El jugar es generador de sentidos, promueve la pertenencia y el desarrollo de la identidad, tanto individual como colectiva. Además, el juego integra a todos los derechos de los niños y niñas, y promueve la participación. Es así que desde las políticas públicas de infancia se vuelve central la revalorización del juego para el desarrollo integral de niños y niñas dentro su ámbito comunitario".

---

5. Ver Secretaría Nacional de Niñez Adolescencia y Familia (2020).

Entre sus argumentos, la resolución pondera el juego de manera colectiva, ya que abre posibilidades de cooperación, aprendizaje mutuo, construcción de pautas comunes, su incorporación subjetiva y el reconocimiento de la importancia de la participación grupal. Sumado a esto, en contextos de vulnerabilidad social, el juego tiene función de protección, dándole a las infancias la posibilidad de elaborar opciones frente a situaciones conflictivas, volviéndose una estrategia para intervenciones pacificadoras. Escribe María Fernanda Obregón (Larriva Obregón y Rosero Valarezo, 2012):

"La actividad lúdica es esencialmente comunitaria, desarrolla la capacidad de convivencia social, donde a partir de una sana competencia a través de los juegos y el respeto por las reglas, destierran el individualismo exacerbado y la violencia incontrolable. Las leyes del juego ponen un límite a la violencia y fortalecen los vínculos con el grupo".

Desde esta perspectiva, el juego resulta una herramienta privilegiada para desarrollar el ejercicio de la ciudadanía, en tanto promueve actitudes solidarias, responsables, respetuosas y pacíficas.

La Secretaría entiende que para romper viejas representaciones románticas o estereotipadas sobre niños y niñas es necesario concebir una niñez contextualizada:

"No es posible pensar a un niño o niña sola y aislada de su contexto familiar, escolar, comunitario. En consecuencia, la mirada de la protección integral con perspectiva de género supone no solamente garantizar aquellos aspectos atinentes a lo estrictamente individual; sino también tener en cuenta las condiciones necesarias para su desarrollo en cada espacio, comunidad, barrio, municipio, etc.".

La normativa hace un análisis socio cultural de las ciudades y su relación con las infancias y plantea que desde hace varios años jugar en la calle es cada vez más difícil en las ciudades.

"Lo público aparece como peligroso, donde niños, niñas y adolescentes se suponen expuestos a múltiples riesgos, modificándose profundamente las formas del juego y el jugar. Hasta hace algún tiempo la calle, el espacio público, ofrecía un ámbito con dinámicas y reglas propias distintas a las de los espacios cerrados. Pero esto cambió y ya no se juega tanto en la calle, principalmente en las grandes ciudades, siendo comunes las juegotecas y espacios lúdicos. Recuperar el espacio público, la calle, la plaza es también una necesidad para garantizar plenamente el derecho al juego, incorporando la mirada, el cuidado y la coordinación de adultos responsables".

Los niños y sus parlamentos: escuchando sus voces sobre el derecho al juego y al jugar

En las niñas y niños pequeños sus voces serán representadas por la capacidad de los adultos que acompañan y cuidan su desarrollo de "leer" y garantizar lo que necesitan para un juego creativo, desafiante, libre, accesible, estimulante, que sorprenda, que se despliegue favoreciendo la interacción, que sostenga su capacidad transformadora, que emocione, que de libertad, que respete sus tiempos y sus ritmos, que "encienda" su capacidad cognitiva, que estimule el descubrir. Los adultos tendrán la obligación de ser la representación de sus voces hasta que ellos puedan formar parte del "Parlamento Infantil", un espacio extendido y novedoso que en cada territorio toma las experiencias y deseos de las infancias generando cultura, participación y nuevos derechos.

El Parlamento Infantil es una iniciativa ligada al Programa Ciudades Amigas de la Infancia[6]. Se trata de un espacio en el que los niños y niñas pueden experimentar, con apoyo de técnicos municipales, su papel como representantes de otros de su misma edad. Esta herramienta permite exponer y debatir problemas y soluciones sobre aspectos que incumben a las infancias, habilitándolas a tener voz en la defensa de sus derechos e incluyendo un foro para la participación y el intercambio.

Esta experiencia en continuo crecimiento a nivel mundial lleva en su esencia la idea del niño como sujeto de derechos: pensamiento medular del psicopedagogo italiano Francesco Tonucci, quien habla de los niños, niñas y adolescentes no como ciudadanos del futuro sino como ciudadanos del presente, fomentando

____

6. Ver UNICEF https://ciudadesamigas.org/.

así la participación activa y reavivando lo mejor de la Convención sobre los Derechos del Niño.

Las ciudades deben garantizar el derecho al juego y a estos parlamentos para concretar propuestas sensibles a la voz de niños y niñas, además de revalorizar la idea de disponer del espacio público para que los niños jueguen donde les apetezca, pudiendo disponer de las ciudades sin riesgos ni limitaciones. En ese sentido es interesante rescatar los cuatro pilares que señala Paola Bernal[7]: derechos de la infancia, sostenibilidad y resiliencia, equidad urbana y derecho a la salud; y repensar qué ciudades se pueden crear en pos de una escala accesible a las infancias, sin obstáculos y generadoras de autonomías.

La importancia de escuchar a las infancias

"Los niños tienen derecho a jugar. Los padres tienen la responsabilidad de asegurarse de que los niños tengan libertad para jugar. Los padres deben animar a los niños a que jueguen ya que es positivo para su crecimiento. No se debe cargar a los niños con deberes o tareas domésticas, se les debe dejar jugar".
Jane Nyambura, niña participante en la IPA Consultas Globales sobre el Derecho de los Niños a Jugar, Nairobi, 2010

"Tengo el bosque: es mejor que un parque".
Niño de 10 años en la Consulta sobre el Derecho de los Niños al Juego, Parlamento Infantil y la IPA, Escocia 2010, Bo'ness

"Es bueno tenerlos (a los adultos) cerca pero pueden echar a perder el juego". "No es bueno si estás haciendo algo secreto".
Dos niños, de 9 y 10 años, Consulta Global sobre el Derecho de los Niños al Juego, Parlamento Infantil y la IPA, Escocia 2010, Kelso

El juego infantil pertenece a los niños y en este sentido los adultos deberían andar con pies de plomo a la hora de considerar

---

7. Ver UNICEF (2020).

sus responsabilidades, siendo cuidadosos de no colonizar o destruir los espacios lúdicos mediante una planificación insensible, persiguiendo sus propios objetivos o creando lugares y programas que segreguen a los niños y controlen su juego.

Es imprescindible escuchar a los niños, necesitamos hacer una interpretación sobre cómo y dónde juegan las infancias. Los adultos con esta responsabilidad pueden reconocer la existencia y el valor gigantesco del juego en el desarrollo y constitución subjetiva y en consecuencia actuar para proteger o restituir el derecho del niño a participar en sus culturas de juegos particulares, locales, genuinos y autóctonos dentro de su entorno. Cuando este derecho se infringe, el objetivo último de los adultos debería ser el de trabajar juntos para construir entornos físicos y sociales que sustenten las condiciones para que se pueda dar el juego.

Los adultos deberían ser conscientes de la importancia del juego y actuar para promover y proteger las condiciones que lo apoyan. El principio a seguir es que cualquier intervención para promover el juego reconozca sus características y permita una flexibilidad, una imprevisibilidad y una seguridad suficientes para que los niños lo hagan libremente. Promover campos de acción (Kyttä, 2004) de las infancias implica la participación directa en la defensa de sus derechos, activar creando ciudadanía e incorporar la versión y visión activa de los niños como sujetos de derecho.

El juego es la actividad propia y característica de las infancias. Propia, porque juegan todo el tiempo y todo lo que hacen es para que el juego se despliegue. Característica, porque la necesidad de jugar los distingue de los adultos. La niña y el niño viven en estado de juego y se forman en un proceso de interacción lúdica con otras personas, con los objetos, los animales y los hechos. El juego tiene una razón en sí mismo y una prueba de ello está en que cuando el juego no es interesante lo abandonan. Jugar forzado es aburrido y un juego aburrido sólo se hace si se lo exige como obligación. Pero de esta manera ya no es juego, sino que se vuelve tarea.

El niño necesita jugar como necesita vivir: cambia el paradigma de la necesidad al derecho. A partir de esto se puede afirmar que, sin jugar, la infancia no es vivida. Sin jugar, quedan huecos que más tarde se irán manifestando como estructurales e inestables agujeros subjetivos. El acto del juego, que en el fondo es una interacción existente recreadora con los objetos y los hechos, le da al niño experiencias y conciencia de que la realidad es cambiable.

El juego es el recorrido placentero y constructivo que el niño sigue para llegar a las cosas, para descubrir lo que lo va sorprendiendo y llenando de emociones, para deshacerse de temores, para sumergirse en lo desconocido. **Todo es susceptible de juego y de ser jugado**. Por medio del juego las cosas son traídas al mundo de lo posible, de lo modificable, de lo vivible, de lo trófico y pueden incorporarse a esa experiencia vital que es la transformación del mundo descubierto. Para el aprendizaje y el desarrollo del niño no hay mejor ambiente que el ambiente lúdico.

El derecho a jugar equivale al derecho a la infancia

No se puede pensar la infancia sin juego, ya que sin él lanzamos al niño a la vida adulta. La habilidad de los niños para encontrar tiempo y espacio para jugar se ve afectada por una serie de factores sociales, culturales, socioeconómicos, políticos y de género. Cuando se violan los derechos de los niños a la supervivencia, al desarrollo y al bienestar, todo ello tiene un impacto sobre su capacidad de jugar; igualmente, la posibilidad de jugar de los niños tendrá un impacto sobre su salud, su bienestar y su desarrollo.

El juego es un aspecto esencial entre las garantías que deben ofrecerse a los niños porque constituye un ámbito reparador y reconstructivo para organizar situaciones traumáticas. El derecho a jugar debe tomar particularmente en cuenta aquellas condiciones o experiencias adversas, politraumatizantes, entre las que se encuentran las situaciones de estrés severo (estrés tóxico)[8], violencia, miedo, discriminación, abuso infantil, presión escolar excesiva, trabajo que vulnera, pérdida de seguridad y del apoyo familiar, mudanzas recurrentes, entornos inseguros, precariedad habitacional extrema y falta de alimento o agua.

---

8. Ver Center of the Developing Child (2011).

La pobreza extrema, el abandono, la inestabilidad de la vivienda, las violencias y la inseguridad alimentaria fueron enumerados como indicadores de grave afectación en el desarrollo infantil, teniendo en cuenta que desde la perspectiva epigenética la variabilidad del daño puede ser extraordinaria. El juego y sus circunstancias de producción son una gran oportunidad para la interacción, la disminución del impacto y las posibles respuestas tolerables frente a la adversidad[9].

El derecho al juego viene dado por dos grandes aspectos: por un lado, entender al juego humano en su condición histórica, social y antropológica, en tanto necesidad esencial para el desarrollo de los sujetos que requieren de un otro para constituirse; por otro lado, por su capacidad de creación cultural y transformadora.

Sin problematizar la mirada y comprender la categoría de niñez, perdemos de vista la capacidad constituyente de subjetividades que tiene el jugar. Esto es tan trascendente en la infancia –que es un período que persiste y no una etapa a abandonar–, porque el desarrollo de un niño es **lúdico**, cognitivo, motor, sexual, social, histórico y siempre con carácter emancipatorio en su evolución.

Estamos presenciando una transformación en las ideas para dar lugar a una nueva concepción de infancia, nuevas figuras de lo pensable (al decir de Castoriadis, 2002), de lo racional a lo histórico social. Habrá que repensar las ideas de fragilidad, inocencia, espera (niño sujeto de derechos), docilidad e inimputabilidad a la luz de la construcción social de la infancia como proceso interactivo.

Atravesamos tiempos fértiles de transformación de la mirada: la niñez y las infancias dejan de estar en análisis como objetos pasivos de cualquier organización social para ser actores sociales con capacidad para participar, desplegando acciones de trascendencia que dan valor al "punto de vista de los niños" y apuntan a entender cómo "las niñas y los niños experimentan y entienden sus vidas y sus relaciones sociales" (Minnicelli y Zelmanovich, 2012).

---

9. Ibíd.

Es necesario desplegar interrogantes que den cuenta respecto de con qué ideas de niñas y niños proponemos cada intervención, cada propuesta, cada cuidado, cada defensa de sus derechos, explicitando las condiciones universales de las representaciones epocales de la niñez y las particularidades de ser niño en determinada comunidad, barrio o región para luego pensar el abordaje desde la singularidad. De esta manera nos acercaremos a recuperar la trayectoria particular y social y las representaciones que cada sujeto le otorga.

En la infancia como unidad de análisis encontramos que sus sujetos, los contextos, sus vicisitudes y sus extensiones están anclados a mitos –aquellos que cuentan la historia–, y a ritos –aquellos que con sus acciones la reproducen–, y quedan frente a una enorme capacidad de profanación. Los acontecimientos de la pandemia visibilizaron como nunca antes ese movimiento que anticipamos capaz de cambiar el orden simbólico y el destino de los objetos, la creación y la innovación.

Vamos concluyendo

"Estar atentos a los efectos paradojales de la posible prescripción de la ley a jugar cuando ella recae en los docentes como mediadores entre los niños y los objetos que se les ofrecen, reorienta nuestras investigaciones una vez más hacia la posición de los mayores ante los niños".

Esto escriben Mercedes Minnicelli, Lorena Maiale, Evangelina Marassi y Andrea Marino en el artículo "¿Es posible jugar por ley?"[10]. Y concluyen en que

"más allá de la letra legislativa, consideramos que será la formación y posibilidad subjetiva de cada docente aquella que habilite el juego y el jugar como tal y que conserven su carácter de expresión simbólico-imaginaria singular en enlace con los significantes sociales y culturales de época".

El juego no es contenido curricular y parece forzado a ser letra legislativa o programática en tanto no se encarne en los órdenes

---

10. Disponible en https://dialnet.unirioja.es/servlet/articulo?codigo=4058882.

institucionales formales e informales. En su trayectoria, el juego y el jugar serán susceptibles de diferentes destinos en función del tipo de sociedad en la que querramos vivir: excluyendo, segregando, integrando o incluyendo. Cada acto puede aportar o alejar a las infancias de esta acción fundante y universal para la construcción de un mundo más digno y equitativo, por ello es urgente asumir la necesidad de articular en todos los ámbitos de que se disponga la verdadera dimensión humana que el juego tiene en la infancia: más allá de la educación, más acá de los cuidados, siempre por los derechos.

"El derecho a jugar es un derecho, no un lujo"[11]

En una entrevista abierta y novedosa que realizamos, con dos abogadas comprometidas con los derechos de las niñas y los niños, se incluyó el modelo de interpelación al contexto legal, imposible de ser intervenido si no es desde una perspectiva interdisciplinaria.

Un punteo de temas que permitieron recorrer la problemática del derecho a jugar, como un derecho invisibilizado, que a diferencia de otros derechos no tiene ese "plus de derecho" porque se lo piensa como un lujo.

Hoy y en los contextos actuales, hay emergencias, regulaciones, inequidades y situaciones adversas en relación con este derecho: la realidad se roba espacios y tiempos de la infancia para jugar.

El derecho a jugar está pensado en términos de las niñas y los niños, a veces con un sentido paradojal: legislar lo indispensable, lo que no es visto como prioridad, se lo ve como un derecho menor, cuando en realidad y desde tiempos iniciales, el juego construye, constituye e instituye en la subjetivación.

Un niño necesita jugar, como necesita vivir. Un niño habla por el juego y en ocasión de procesos en el derecho de familia, el juego es indicador de conflictividad y tampoco está visto como derecho al juego.

---

11. Entrevista a las Dras. Marisa Herrera y Natalia de La Torre, abogadas, especialistas en familia, niñez y adolescencia.

En los estados de vulneración de derechos donde se viola la supervivencia, el desarrollo, el bienestar, el proyecto de vida, hay una marca sobre el vital derecho a jugar, se ve impactado: aun así, en la intemperie un niño o niña juegan.

Una interpelación urgente recae en los ámbitos urbanos, ciudades, espacios públicos donde los modelos que se organizan excluyen y expulsan, no habilitan el derecho al juego.

La infancia es una construcción social y este derecho es constitutivo: estamos pensando en políticas públicas que reparen esta violación

Y, por último, la tensión y contraposición entre el juego y el trabajo infantil, las prohibiciones, las sanciones y los privilegios.

¡Escuchemos este encuentro!

Se pueden ver más contenidos audiovisuales a través del siguiente anexo digital

https://germyd.wixsite.com/miradas-y-escuchas/cap3

Capítulo 4
Tramas del jugar y el cuerpo

Daniel Calmels | Psicomotricista

Para empezar a "escuchar" a Daniel Calmels y sus perspectivas…

1. Puesta del cuerpo en una zona de creatividad, una zona lúdica. [...] el juego corporal.
2. Jugar no es un como sí.
3. La actitud postural es la preparación *para* una acción.
4. La sala de psicomotricidad está preparada para jugar y allí sí se puede jugar corporalmente.
5. Si yo obligo a un niño a jugar, lo más probable es que haga un *como si de un como si*. [...] no jerarquiza el juego. Jugar, para que se mantenga en la dignidad del jugar, como práctica, como ejercicio, es necesario que uno lo elija.
6. Los chicos de hoy están en conflicto con [...] las praxias porque las praxias exigen los dedos todos juntos [...] Las pantallas requieren el uso de los dedos por separado. Y esto es un conflicto.
7. Con el término *juego corporal* queremos remarcar el concepto de cuerpo.
8. [...] el cuerpo en construcción. [...] El cuerpo *es* en sus manifestaciones.
9. La temporalidad es un tema importantísimo.
10. Lo corporal es algo que se construye en relación a otros.
11. El cuerpo es un distintivo, es una insignia. El cuerpo nos da un lugar de pertenencia a partir de distintas identidades.

12. Vivimos un proceso de descorporización.
13. El tiempo reemplazó al espacio.
14. El niño tiene que estar puesto en situación lúdica.
15. [...] no hay déficit por falta de estímulos [...] hay falta de relaciones estimulantes, de vínculos estimulantes.
16. La primera infancia es el pedestal sobre el cual se construyen las escaleras que van a seguir.
17. No uso más la palabra repetir en juego sino que uso la palabra insistir.

Agradecemos a Natalia Jonás por la colaboración.
Te invitamos a ver y escuchar la entrevista completa a
Daniel Calmels, a través del código QR asociado a este libro.

Se pueden ver más contenidos audiovisuales a través del
siguiente anexo digital

https://germyd.wixsite.com/miradas-y-escuchas/cap4

Capítulo 5
El jugar en la educación inicial

Laura Cristina del Valle Hereñú, Jorge Ullúa y Roberto Fraguglia | Equipo Docente del ISPEI Sara. C. de Eccleston

La educación inicial instala su origen en torno al juego. El llamado padre de los jardines de infantes Federico Fröebel (Friedrich Fröebel 1782-1852) reflexionaba en 1835 cuando creaba el kindergarten que el niño también aprendía, pero no de la misma manera que los adultos. Manipular los objetos y jugar con ellos era imprescindible para apropiarse de los saberes. Por eso crea los dones, como regalos para ser usados para construir conocimiento. La ciencia psicológica ha aportado a partir de sus numerosas investigaciones al respecto la importancia del juego en el niño pequeño para la constitución subjetiva. Parece mentira, que aún tengamos que justificar por qué jugamos en el jardín.

Este es el objetivo de nuestro trabajo. Nos proponemos ofrecer enfoques teóricos, diversas miradas para su inclusión en lo cotidiano, justificaciones numerosas para maridar el juego y la enseñanza en la educación inicial. Como equipo de didáctica del Instituto Superior de Educación Inicial "Sara C. de Eccleston" defendemos fervientemente la inclusión del juego como actividad prioritaria y por eso ofrecemos en las asignaturas que dictamos un espacio nodal y fundamental para abordar profundamente las propuestas lúdicas en el contexto escolar.

El equipo de didáctica se conforma a partir del segundo cuatrimestre del año 2016. Era una idea que veníamos acuñando desde hace muchos años con un grupo de profesores, que casi de manera espontánea, de reuniones de pasillo, logramos reunirnos para comenzar a establecer lazos y realizar propuestas superadoras de la instancia curricular individual. Superar la concepción de cátedra ha conquistado la pasión, el compromiso y la responsabilidad de este equipo que ha logrado poner en marcha este proyecto. Que los estudiantes tengan la oportunidad de pensar su recorrido de formación estableciendo conexiones significativas con diversas asignaturas y propuestas valiosísimas que ofrece nuestro instituto desde una mirada pedagógica en donde lo diverso se presenta como una ventaja, es una experiencia que nos enriquece a todos los involucrados. Se busca desde la práctica docente, mostrar cómo se puede discrepar, discutir, intercambiar generosamente ideas con un marco teórico que sustente las diferentes posturas y modelos en un marco de respeto y valoración hacia el otro y su conocimiento. Superar las creencias instaladas desde nuestra formación inicial y reforzadas a partir de las prácticas educativas en torno al individualismo y la única concepción válida es una tarea cotidiana que ponemos al descubierto para aprender desde esta metadidáctica: ir más allá de lo que nos proponemos enseñar.

El juego en el niño

Diversos y variados autores describen la importancia del juego en el Nivel Inicial. Seguramente al tomar sólo algunos quedarán por fuera renombrados especialistas en el tema. A conciencia de ello, seleccionaremos algunos aportes que nos permitan abordar esta propuesta.

Resulta una tarea ímproba encontrar una definición sobre juego que complete los diversos, variados y complejos aspectos que el mismo involucra. Al decir de Patricia Sarlé (2001) es un concepto ambiguo de límites borrosos. Sin embargo de los múltiples acercamientos de diferentes autores de todos los tiempos que han buscado remitir en palabras el sentido, la razón, el origen y la fundamentación del mismo acercaremos algunas propuestas sobresalientes:

- El juego es una acción o una actividad voluntaria, realizada en ciertos límites fijos de tiempo y lugar, según una regla libremente consentida pero absolutamente imperiosa, provista de un fin en sí, acompañada de una sensación de tensión y de júbilo, y de la conciencia de ser de otro modo que en la vida real. (J. Huizinga).

- La función propia del juego es el juego mismo. Ocurre que las aptitudes que ejercita son las mismas que sirven para el estudio y para las actividades serias del adulto. El juego, aún bajo su forma de juego de dinero, resulta rigurosamente improductivo... (Roger Caillois).

- El jugar tiene un lugar y un tiempo... No se encuentra "adentro", tampoco está "afuera". Jugar es hacer. Es bueno recordar siempre que el jugo es por sí mismo una terapia. En él, y quizás sólo en él, el niño o el adulto están en libertad de ser creadores. (D. W. Winnicott).

- Podríamos decir que cada niño, en su juego, se comporta como un poeta, ya que crea un mundo propio, o mejor dicho, reordena las cosas de su mundo en una nueva forma que le agrada. Lo opuesto al juego no es lo serio, es lo real... A pesar de toda la emoción que caracteriza al mundo lúdico, el niño establece bien su diferencia y experimenta placer al unir sus objetos y situaciones imaginarias con las cosas tangibles y visibles del mundo real. Esta unión es lo que diferencia el jugo de la fantasía... La actividad lúdica está determinada por un deseo en particular, el deseo de ser grande, el niño siempre juega a ser grande, e imita aquello que sabe de la vida de los adultos... (S. Freud).

- Lo que define al juego es que uno juega sin razón, y que no debe haber razón para jugar. Jugar es razón suficiente, en él está el placer de la acción libre, sin trabas, con la dirección que el jugador quiere darle, que tanto se parece al arte, al impulso creador. (Lin Yutang).

- El juego es el producto de la asimilación que se disocia de la acomodación antes de reintegrarse en las formas de equilibrio permanente, que harán de él su complementario en el pensamiento operatorio o racional. En este sentido, el juego constituye el polo extremo de la asimilación de lo real al yo, y participa al par, como asimilador, de esa imaginación creadora que seguirá siendo el motor de todo pensamiento ulterior y hasta la razón. (J. Piaget).

- El juego es, ante todo, una de las principales, o incluso, la principal actividad del niño. Con esto Vigotsky señala el carácter central del juego en la vida del niño, subsumiendo y yendo más allá, de las funciones del ejercicio funcional, de su valor expresivo, de su carácter elaborativo, etc. En segundo término, el juego parece estar caracterizado por Vigotsky como una de las maneras de participar el niño en la cultura, es una actividad cultural típica, como lo será, de adulto, el trabajo. Es decir, según la perspectiva dada, el juego resulta una actividad cultural. Seamos más precisos, el juego que interesa a efectos de ponderar el desarrollo del niño en términos de su apropiación de los instrumentos de la cultura, es un juego regulado más o menos ostensiblemente por la cultura misma. (R. Baquero).

El juego es para el niño una actividad espontánea y natural, imposible de ser reemplazada por otra, a partir de la cual busca entrar al mundo de los adultos con el fin de elaborar el mismo desde la apropiación de la cultura, como constitutiva de la mente. Es reglada, ya sea de orden interno (adecuación a un determinado rol) como de origen externo que permita desde esos parámetros arbitrarios en la mayoría de los casos, "jugar con otros".

El juego en el Nivel Inicial

Sin lugar a dudas el Nivel Inicial, ha sido de todos los niveles del sistema educativo, aquel que con más vehemencia y numerosos argumentos ha defendido la importancia de valorar y sostener en la enseñanza y el aprendizaje la presencia del juego. Sin embargo, este recorrido no ha sido orientado desde el mismo marco teórico y por ello es que podemos diferenciar tres enfoques y una cuarta alternativa que caracterizaron el lugar que ha ocupado el juego en el Nivel y las relaciones existentes entre el juego y la enseñanza.

1. Enseñar por medio del juego: Desde esta perspectiva el juego es la estrategia metodológica fundamental, ya que nos permite enseñar contenidos utilizando el juego como el instrumento adecuado para eso. El juego, de esta manera, es interpretado como el medio facilitador por excelencia para la enseñanza.

"Considerar el juego como el modo peculiar de interacción del niño consigo mismo, los otros y las cosas, implica privilegiar la actividad lúdica como el recurso metodológico más apropiado para la consecución de los objetivos y contenidos educativos del Nivel Inicial". (Violante y Soto, 1989).

Múltiples autores han reflexionado en torno a esta postura como Fröebel, Decroly, Montessori, Vera Peñaloza, Duprat, Kamii, Denies, entre otros.

"A lo largo de la historia de la Educación Infantil, diferentes pedagogos han tratado de desarrollar modelos de enseñanza en los que el juego es utilizado como forma privilegiada de aprender. Tal es el caso de los llamados 'precursores', la propuesta de juego-trabajo de los años 60 y las diferentes búsquedas por vincular la enseñanza a través de los juegos colectivos y de conocimiento físico, o la utilización de juegos como estrategia metodológica para enseñar contenidos de las diferentes disciplinas en que se dividió el currículum partir de la década del 90". (Violante y Soto, 1989).

2. Enseñar o jugar: Esta postura se basa en la necesidad de discriminar con firmeza las características propias del juego con las del trabajo, encontrando que no existen entre ambas puntos de coincidencia alguna "Juego y enseñanza son actividades incompatibles, contrapuestas" (Cañeque, 1993).
Para Hilda Cañeque lo mejor que podía hacer un docente mientras un niño jugaba era no intervenir. Su postura se sintetiza en la valoración del juego como actividad libre, la importancia de habilitar un campo de juego, el educador en su rol de facilitador como observador idóneo de la actividad, la recuperación de juegos tradicionales, y la diferenciación entre el juego y el trabajo.
3. Jugar y enseñar. Jugar en el contexto escolar: Desde esta mirada se pone de manifiesto la necesidad de advertir sobre la diferencia entre propuesta lúdica y juego, ya que el docente ofrece propuestas lúdicas que se convertirán en juego, siempre y cuando el niño adscriba a la propuesta.

"La enseñanza , incluye, entre otras modalidades, la presentación de propuestas lúdicas que intentan promover el juego del niño. Si bien las propuestas lúdicas comprometen contenidos escolares y una intervención docente deliberada en función de los objetivos educativos, el niño es quien decide si juega". (Harf, Pastorino y otros, 1996).

Desde este punto de vista si el juego es la actividad del niño y la propuesta lúdica es la actividad del docente el juego no puede ser nunca una estrategia metodológica de enseñanza, ya que el potencial lúdico no es una variable que el docente pueda controlar.

Habiendo recorrido estos enfoque nos encontramos con diversas propuestas de actividades en el jardín, entendiendo que jugando se aprende, pero no sólo jugando. Es decir, que el docente deberá organizar otro tipo de propuestas que podrán ser tan válidas como las lúdicas, para la enseñanza.

4. Una cuarta alternativa es la que protagonizará Patricia Sarle, especialista en juego en el Nivel Inicial, la que se enfrentará a lo que ha llamado la "primarización del jardín" en pos de garantizar contenidos disciplinares, abandonando o bien postergando el juego en las salas. Esta autora explica que el juego es un contenido, ya que como construcción social se aprende y se enseña. Resulta atrapante leer su postura en torno a crear un marco ficcional, establecer un diálogo lúdico, crear escenarios que promuevan el juego y sostener la propuesta desde las diversas formas de enseñar como intervenciones potencializadoras, que no interfieran la acción espontánea del niño.

Pareciera imposible pensar la enseñanza a niños sin contemplar la posibilidad de jugar.

Como hemos visto, diversas concepciones se desprenden de esta relación juego-enseñanza. Para algunos autores jugar y enseñar son dos procesos irreconciliables. Otros han creado juegos para enseñar. Y por último, encontramos aquellos que sostienen como nosotros que jugar y enseñar son dos actividades que comparten rasgos comunes y otros diferenciadores. Es en los aspectos comunes donde juego y enseñanza parecen sostenerse uno a otro sin contradicciones sustanciales.

Algunos autores, como Garvey (1985), afirman que el juego posee una naturaleza sistematizada y sostenida por reglas. El fenómeno lúdico es entendido al mismo tiempo como producto y huella de la herencia biológica del hombre y de su capacidad creadora de cultura. Desde este lugar, se superan posiciones aparentemente contradictorias como las visiones naturalistas y ambientalistas, acerca de la concepción del juego. Desde la corriente naturalista (Schiller, Spencer, Kan, Froebel, Freud, Gross, entre otros) el juego es una actividad determinada por la naturaleza humana, entendida como naturaleza de carácter biológico o espiritual. Desde este enfoque el juego se desarrolla espontáneamente desde el interior del niño y la influencia del medio social pasa a un segundo plano. En la línea opuesta, los ambientalistas (Huizinga, Elkonin, Bauzer, Medeiros, Vigotsky, entre otros) sostienen que el juego está condicionado fuertemente por el medio social y cultural . El juego es presentado como una actividad propia del hombre como tal o como no natural, dado que requiere de un aprendizaje por parte de los niños que tiene lugar a partir de las interacciones sociales. Como nos apuntaría Sarlé (2001) es una construcción social.

Desde nuestra posición, el hombre nace con un potencial lúdico, con la posibilidad de poner en acto su capacidad de jugar, pero es el medio social el que presenta formatos de juego que se convierten en "objeto" de esa potencia. Gracias al entorno socio-cultural, el hombre activa su capacidad de juego. En esta interacción sujeto-medio, es donde se genera el jugar como actividad humana.

Susana Galperín en su texto "Supuestos básicos de la metodología juego-trabajo" (1985) expresa una afirmación que por lo sencilla se torna fundamental para el docente: "el juego es un factor vital para el niño". Parece obvio, nadie podría cuestionarla. Sin embargo, en numerosas oportunidades nos encontramos pidiéndole al niño que espere para jugar, ya que requerimos realizar otras tareas en la sala, como por ejemplo el proyecto del jardín, ensayar para el acto, terminar la carpeta.

Una pregunta nos interpela al pensar la didáctica para niños pequeños. Si consideramos la didáctica al decir de Dennies, una disciplina científico técnica que se ocupa de la programación, desarrollo y evaluación de la enseñanza: ¿cómo podemos hacer para enseñar de una manera más natural? Sostenemos que en el jardín se enseña. Y podemos repetir la doble finalidad del Nivel Inicial, la socialización y la alfabetización en un marco de educación inclusiva. Pero de manera más familiar, más básica, más simple en medio de la complejidad, lo que buscamos es que el niño transite el jardín en busca de su propio conocimiento, el de los otros y del mundo. Y sostenemos que la forma privilegiada de hacerlo de manera natural es el juego.

Se ha discutido demasiado en torno a: jugar para enseñar, jugar o enseñar y jugar y enseñar. Pero desde nuestra perspectiva, es un planteo incompleto, pues no se explicita en cada una de estas "parejas" cuál es la concepción de enseñanza.

En muchos casos, aunque se entienda que el juego es espontáneo se ha utilizado para lograr fines que los educadores tenemos en la mente. Y al decir de Bruner, una cosa es servirse del juego como agente de socialización y otra cosa es explotarlo.

Entendemos al juego como una actividad altamente compleja, ligada a los niveles más profundos del hombre en relación con su esencia como ser humano. Jugar implica un acto de la voluntad: jugar es un hacer, pero no siempre abiertamente visible. Jugamos a no pisar las líneas de la vereda mientras caminamos, jugamos a adivinar quién baja del colectivo en la próxima parada.

Por lo que hemos dicho resulta muy difícil determinar con total seguridad cuándo un niño juega y cuándo no. Siempre nos quedará un espacio de duda que sólo puede responder el propio jugador.

Entendemos al juego como un entramado de saberes que pone en acto un jugador para dar existencia a la actividad: juego. Este juego para ese jugador no volverá a repetirse nunca más de esa misma forma. El formato tal vez se repita pero el estado de los saberes en algún aspecto habrá cambiado.

Este entramado de saberes que conforma el juego tiene ciertos rasgos muy particulares. En el juego el error tiene un sentido distinto que en el resto de las propuestas. Por otra parte esta red de contención nos da tal nivel de seguridad que en el juego me permito morir, por ejemplo. En el juego puedo probar y los resultados son parte del juego. Esto permite al niño realizar ensayos sobre la realidad, sin que las consecuencias lo perjudiquen.

Cuando un niño juega ha decidido (acto de voluntad) entrar en el juego, entra desde aquello que conoce, que sabe o puede hacer. Todo jugador que se inicia en un juego, parte de sus saberes previos y éstos son los suficientes para poder entrar al campo lúdico. Si alguien ha decidido jugar es porque ha detectado que tiene algún saber para poder entrar en el juego.

Desde este lugar nos resulta imposible separar el juego del aprendizaje. Todo niño que juega aprende. No puede jugar sin aprender. Si entendemos el aprendizaje como el proceso de apropiación del mundo que realiza el sujeto. Aprender implica hacer propia la realidad. Para jugar, el niño aprende. Aprende la estructura del juego, aprende sobre los saberes que son necesarios para jugar. Cada jugador entra al juego desde sus saberes. Y a su vez estos se encuentran en distintos grados de desarrollo. Al jugar, cada uno de los saberes se desarrolla en función de la entrada que el jugador ha realizado al campo lúdico.

En una situación de juego, el jugador juega porque quiere, no puede ser obligado a jugar. Todo juego posee una estructura que le da una coherencia interna. Y por último, como ya hemos planteado, cuando el jugador toma la decisión de entrar al juego lo hace desde sus saberes previos, es decir encuentra una entrada, una puerta apropiada para articular lo que sabe con el juego.

En todo juego los jugadores comprenden que aquello que se manifiesta no es lo que aparenta ser. Esto le otorga al juego, como ya hemos planteado, un carácter amortiguador de sus consecuencias.

Bruner nos ayuda a comprender esta afirmación. En su texto "Juego, pensamiento y lenguaje" afirma que el juego reduce la gravedad de las consecuencias de los errores y de los fracasos. No tiene consecuencias frustrantes para el niño. Por eso es un excelente medio de exploración y de invención del mundo y de sí mismo.

Su escasa vinculación entre medios y fines, permite cambiar los objetivos en el mismo hacer para adaptarse a nuevos desafíos. Los niños no se preocupan por los resultados, lo cual les permite manejarse con mayor libertad. Por eso les da la oportunidad de enriquecer la banalidad.

A pesar de eso, siempre obedece a un plan. Y como proyección de la vida interior del mundo, aunque es el modo privilegiado de aprender, lo hace en contraste con los procesos propios del aprendizaje, ya que en él interiorizamos el mundo externo. En cambio en el juego se prioriza la asimilación. De allí la omnipotencia que genera la sensación de jugar. El juego ratifica Bruner es fuente de diversión y nos permite resolver problemas de manera más agradable, ya que los obstáculos que se ponen en juego resulta divertido proponerse superarlos.

Para algunos autores juego y enseñanza son dos conceptos contrapuestos, pero desde nuestra perspectiva podemos encontrar algunos rasgos comunes:

- Tanto el juego como la enseñanza son actividades en las que el placer adquiere diversos grados, según la configuración particular de las situaciones que son vividas.
- Tanto el juego como la enseñanza tienen finalidades, en el caso del juego pareciera que la finalidad es inmanente al sujeto que juega, al igual de lo que sucede en el aprendizaje donde su meta nace y concluye en el aprendiz, mientras que en la enseñanza la finalidad es extrínseca, surge del maestro pero su meta está fuera de él.
- Tanto el juego como la enseñanza son actos voluntarios, dado que ponen en juego el plano del querer, no en el sentido de la afectividad sino de la intención consiente. Tanto jugador como enseñante enseñan y juegan porque quieren. Podría plantearse que un maestro se viera obligado a enseñar aún en contra de sus convicciones, igual estaría enseñando. En este caso habría que plantearse si es una buena enseñanza, ya que no sería ideológicamente honesta.
- Tanto en el juego como en la enseñanza se requiere de la participación del jugador y del enseñante respectivamente.
- El juego ofrece cierto nivel de incertidumbre como la enseñanza, dado que si bien el maestro puede enseñar, no tiene absoluta certeza de su resultado, dado su relativa independencia del acto de aprender. Lo mismo sucede en el juego, el jugador no tiene absoluta certeza de cómo finaliza el juego. Siempre el juego encierra un margen de incertidumbre.
- Juego y enseñanza son actividades que implican relaciones dialécticas, en las que tanto jugadores como enseñantes quieren participar. Y esta participación es dialogada.

- Al igual que la enseñanza el juego cobra sentido y significado en el marco de un entorno cultural.
- En el juego y en la enseñanza no todos los participantes poseen los mismos niveles de conocimiento.
- En la enseñanza se intenta promover el aprendizaje, en el juego es imposible pensar en un jugador que quiera participar de un juego sin querer aprenderlo. Al jugar se aprende el mismo juego, se mejora todo cuanto de él se sabe de manera paulatina y creciente.
- Tanto enseñanza como juego portan un formato que las sostiene como tales.
- Durante el juego se crean entramados de significados que se ponen en signos al igual que en la enseñanza.
- Al jugar se ponen en acto hábitos, capacidades y saberes que pueden ser objeto de la enseñanza.

Insistimos en resaltar la idea de enseñanza como "poner en signos" despegándonos de esta manera de la tradicional idea de transmisión, generalmente ligada a la explicación.

Bruner a través de numerosas investigaciones vinculadas al juego ha podido demostrar que la presencia del adulto es un elemento que favorece una concentración prolongada y una elaboración compleja. Eso no quiere decir que los adultos deben mirar por encima del hombro a los niños y tratar de dirigir sus actividades, sino estar al alcance del niño y proporcionarles la seguridad de que el medio es estable y continuo, pero también alentarlos y darles información en caso de que la necesiten.

> "El niño avanza bajo la tutela del adulto o de un compañero más competente. Estos otros actúan como conciencia vicaria de la situación, hasta el momento en que el niño es capaz de asumir conciencia y control de su propia acción". (Sarlé, 2001).

Desde nuestra perspectiva acerca de la enseñanza y el juego, es posible que el maestro enseñe durante el juego de los niños, sin tergiversar el juego, ni desvirtuar el contenido. El contenido no es puesto en el juego, sino que un saber que es portado por el juego es sostenido como contenido. Pero la dificultad se encuentra en los modos en que el adulto puede generar la enseñanza.

A nosotros como equipo nos ha sido esclarecedor trabajar en torno a las seis formas de enseñar que plantean Soto y Violante para pensar las intervenciones. Las propuestas lúdicas se enriquecen a partir de revisar qué es lo prioritario para favorecer una oportunidad de aprendizaje. Así el **construir escenarios** cobra un tinte especial ya que será la base de la acción lúdica, al igual que los materiales invitando a su exploración. **Ofrecer disponibilidad corporal** para permitir el juego e incentivarlo. **Acompañar con la palabra**, estimular, desafiar, destacar, socializar durante el desarrollo de la propuesta, en un clima en el que se presenten **manifestaciones mutuas de afecto** que genere la seguridad que brinda el campo ficcional, que desde la intersubjetividad le otorga un marco único e irrepetible. Que ofrezca la oportunidad de **realizar acciones conjuntas** por el placer que despiertan, o bien para colaborar en la solución de un problema. Todas ellas se sostienen fundamentalmente en la intervención poderosa del docente de **mirar y observar** para identificar, para ajustar, asistir, para disfrutar...

> *"El juego es algo muy serio, algo profundamente educativo y potencialmente enriquecedor. El juego tiene en su entraña un cúmulo de posibilidades de aprendizaje".*
> (Ortega, 1992).

Capítulo 6
Aprender jugando, diálogo entre arquitectura y pedagogía

Agustín Garona y Lucas Di Nunzio | Arquitectos

Ventanas, equipamiento, muebles... a la altura y alcance de los niños.

En el Mueble de recepción los niños pueden sentarse. También pararse y acercase a la altura de sus papás, ver cara a cara a los administrativos. Son actores de la escena, que no es solo de adultos.

En el comedor, el Mueble de guardado de vajilla es utilizado por los niños. Su diseño, su altura de apoyo, les permite a ellos tomar la vajilla, los insumos que necesiten, se sirven ellos mismos. El tiempo de comer es también un momento de aprendizaje.

Paulo Freire, en su libro *El Grito manso* dice:

"...el primer elemento constitutivo de la situación educadora es la presencia de un sujeto, el *educador o la educadora*, que tiene una determinada tarea específica que es la tarea de educar.
La situación educativa implica también la presencia de los *educandos*, de los alumnos, segundo elemento de la situación educadora.
¿Qué mas descubrimos en la práctica de esta experiencia? En primer lugar descubrimos que la presencia del educador y los educandos no se da en el aire.
Educador y educandos se encuentran en determinado espacio. Ese espacio es el *espacio pedagógico*, espacio que los docentes no toman en debida consideración". (p. 33).

Pensar el edificio desde el lugar del usuario, en este caso desde la mirada del niño. La primera verdad, es que el ojo del niño está a una altura menor que la del adulto. Todo cambia. La percepción de los espacios, la perspectiva, las dimensiones de las cosas, la cercanía de los objetos, los solados, todo aquello que estimula los sentidos.

Un Deambulador tiene los ojos a escasos 20 o 30 cm del piso, mientras gatea. Un niño de 4 o 5 años, establece su línea de horizonte a unos 60 o 70 cm… si uno se agachara a mirar el espacio a esa altura, rápidamente observaría las cosas de otro modo, como en la famosa película "La Sociedad de los Poetas Muertos" de Peter Weir, donde el profesor les pide a sus alumnos que se paren en un banco, para mirar las cosas desde otro lugar, desde otra perspectiva.

Los niños, deben desarrollarse en un ámbito que los estimule, que les abra posibilidades a la exploración, al juego, al descubrir, a sentir nuevas texturas, llevarlas a la boca. Superficies pulidas y frías como el mármol, o rugosas y ásperas como el hormigón visto, o texturadas al ojo, pero no al tacto, como las sombras en el piso de linóleo, provocadas por los artefactos de iluminación que se encuentran sobre el cielorraso, como en el juego de fondo y figura… al alejarse la malla del artefacto, cambia la dimensión de la trama.

El Maestro Rural Luis Fortunato Iglesias en su libro *Confieso que he enseñado*, describe las siguientes propuestas pedagógicas:

"La escuela, el aula, el taller, las bibliotecas, el laboratorio, el campo, el museo, la bitácora, los cuadernillos de libre expresión y el paisaje del horizonte inalcanzable son algunos de los sitios para esculpir con apasionada delicadeza la vida escolar cotidiana. Nada está dicho para siempre ni desde siempre. Dos acciones se complementan como sol y sombra: el saber y el hacer". (p. 16).

"...El aula era un taller de enseñanza y aprendizaje, donde no había prohibiciones. *La única disciplina era la de un trabajo alegre, responsable y creativo*... una escuela provista y alegre, casi diríamos jubilosa, serenamente jubilosa; una escuela de puertas abiertas, con libros, juegos, música, cine y vida cálida...". (p. 17).

"...Era clase, *en el aula o fuera de ella*, por allí se enseñaba y se aprendía". (p. 17).

Esto nos obliga a redefinir el término "espacio pedagógico"... surge la pregunta, ¿son las aulas únicamente aquellos espacios donde se enseña?

En este sentido, el "muro" (entre comillas, porque quien lee podría concluir en forma prematura que se trata de una pared de ladrillos), que divide las "Aulas" de los conectivos (entre comillas, porque podría pensarse que solo allí se produce la acción de aprendizaje), consiste en Muebles con múltiples propósitos, usos, escalas, accionamientos. Además del guardado de ropa, mochilas, material didáctico o lúdico (suponiendo que pudieran separase), los niños pueden colgar y exponer sus trabajos, pueden subirse, mirar a través, esconderse o trepar. La idea de que ese "muro" es permeable, continuo y no llega al techo, permite entender que el espacio pedagógico no se limita al aula, no termina allí, sino que se integra con el corredor y este corredor, con los espacios abiertos a la doble altura y desde allí, se puede mirar al piso de abajo, o al de arriba y reconocer a un hermanito o a otro amigo de otra sala... el "muro" no divide, conecta.

La altura de los antepechos de las ventanas debe permitir que los niños puedan ver hacia afuera, de otro modo únicamente los adultos tendrían esa posibilidad. Por eso, las ventanas llegan al piso o bien tienen un antepecho de 0.60 m en el caso de las aulas de niños más grandes, con muebles de guardado de materiales debajo de los mismos.

Las aulas se vinculan, con muros que se corren y permiten integrarlas de modo que pueda desarrollarse una actividad conjunta entre ambas. En el espacio central, el vacío llega desde el SUM del subsuelo al 2º piso, promoviendo el encuentro, el intercambio de miradas, ruidos, olores, como el ágora de la antigua Grecia. La Ciudad y la Escuela.

En el video de "La escuela de la Señorita Olga" se muestran diferentes actividades que se desarrollaron durante la gestión de Olga Cossettini como directora de la Escuela Primaria Dr. Gabriel Carrasco, en el Barrio Alberdi de Rosario, Santa Fe, entre 1935 y 1950.

- La **salida al recreo** era sin timbre ni campana, era con música. No se formaba fila.
- Había **orientación en lo artístico**: imitaban el canto de los pájaros. Había conciertos de música donde se aprendía la biografía de los autores, las características de los diferentes instrumentos. No había maestro de plástica o una clase de arte especial.
- Se aprendía **respetando la posibilidad expresiva de cada alumno**: dibujando, escribiendo, cantando.

Los edificios deben poder promover esas actividades, recrear esos escenarios, para que los niños se puedan reconocer en los paralelismos: ***Escuela-Ciudad / Patio-Plaza / Conectivos-Calles / Aulas-Viviendas.***

En la azotea del basamento una plaza, un lugar donde se pueden desarrollar las mismas actividades que en la Ciudad. La huerta, el arenero, los bancos, los maceteros, los árboles. Los niños corren, se esconden, saltan, trepan y trabajan la huerta. Las texturas de los materiales también acompañan el aprendizaje: la madera, el vidrio, el piso cementicio que es además atérmico, de modo que no se calienta con el impacto de los rayos solares y permite que los niños se recuesten o anden descalzos.

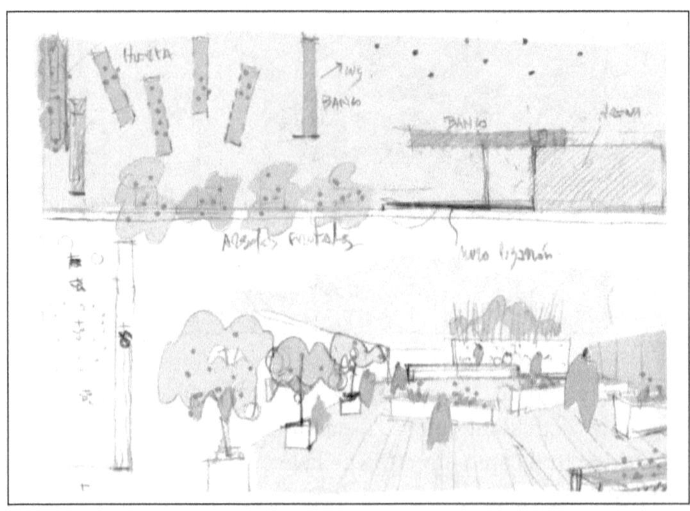

Pocos elementos sirven para que los niños construyan un juego con lenguaje propio, inventen las reglas, determinen el alcance y establezcan las relaciones entre los actores y los objetos. Las hamacas, los subibajas, vienen con las reglas dadas y solo se pueden utilizar de determinada manera.

Aldo Van Eyck, arquitecto Holandés (1918-1999) construyó durante más de dos décadas una enorme cantidad de parques de juegos para niños en Ámsterdam, en solares que la guerra había dejado vacíos, poniendo a los niños en un lugar protagónico y con un equipamiento mínimo, libre de "juegos" preconcebidos, utilizando barras, muros, asientos, pozos, desniveles, promoviendo la exploración, la invención y la creación de juegos propios, diversos e infinitos, transformando espacios urbanos en lugares, porque un espacio, es un lugar definido geométricamente, mientras que un lugar, representa actividades y usuarios.

"Cuando la Ciudad le pide al arquitecto Arquitectura, el buen arquitecto le entrega Ciudad".

Y nuevamente citando al libro de Luis Fortunato Iglesias:

"*El estudio de la escuela o el barrio*, por ejemplo, permite realizar incursiones de observación en el medio local. El niño primero debe conocer lo que lo rodea: las viviendas, los árboles, los animales, los transportes, las calles, las aves, las personas, etc.". (p. 70).

En el video de "La escuela de la Señorita Olga":

"La actividad pedagógica *no se desarrollaba solo en el ámbito de la escuela*. Se recorría el barrio, se reconocía a sus personajes. La visita a la plaza comprendía una actividad lúdica y pedagógica. Se estudiaba la superficie irregular de canteros, el volumen de la fuente, cuando florecían las plantas y la transformación del follaje de los árboles en las diferentes estaciones".

Resulta necesario pensar los espacios pedagógicos como una prolongación de la Ciudad, una porción de ésta y traer aquellos elementos iconográficos que la identifican.

Francesco Tonucci en *La ciudad de los niños. Un modo nuevo de pensar la ciudad* dice:

"...Según los adultos, *parecería que a los niños les gusta jugar en terreno llano, sin importarles que el espacio horizontal les impida esconderse* porque de esta manera permiten que sean vigilados fácilmente: ¡El niño debe jugar bajo vigilancia! Un segundo aspecto preocupante es que los adultos indican a los niños qué juegos deben hacer en esos espacios. Nosotros adultos hemos olvidado rápidamente que el juego está ligado al placer, y el placer *–tratemos de pensar en nuestras experiencias adultas de placer– mal se conjuga con el control y la vigilancia*. Las instalaciones están pensadas para juegos repetitivos, banales, tales como hamacarse, deslizarse y dar vueltas, pensado que el niño es más parecido a un hámster que a un explorador, a un investigador, a un inventor". (p. 27).

"El jugar del niño, antes y fuera de la escuela es 'perder tiempo', es perderse en el tiempo, es encontrarse con el mundo en una relación excitante, llena de misterio, de riesgo,

 Miradas y escuchas sensibles del jugar en las Primeras Infancias

de aventura. Y su motor es el más potente que el hombre conoce: el placer. Es por ello que un niño puede hasta olvidarse de comer para jugar". (p. 39).

Los niños corren por la rampa de salida al Patio, les resulta divertido oír como con sus pisadas se reproducen los sonidos de un Tambor. Unos suben por la rampa, otros trepan y caminan por el banco. La proyección de la malla metálica en el piso, se funde con las sombras del parasol, que tamiza el sol del oeste y proyecta sombras sobre la rampa de madera, otorgándole una textura nueva, al ojo claro, no al tacto.

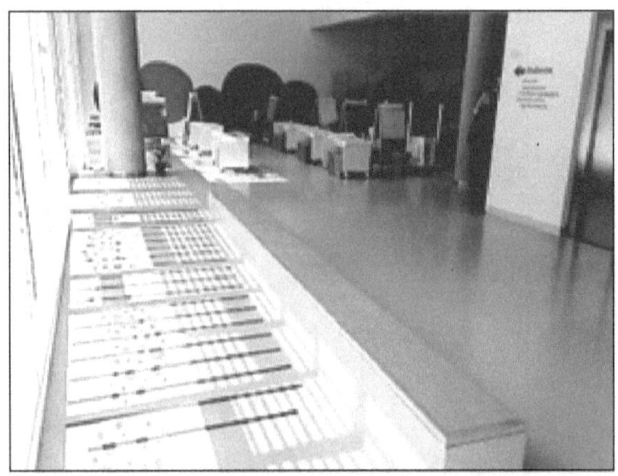

En el Subsuelo, el Patio de Juegos, SUM, Comedor y Sala de Música se integran, moviendo carpinterías o paneles acústicos, de modo que todos esos espacios pueden variar su tamaño, integrando unos con otros, pudiendo incluso armar un único lugar, para actos o eventos que involucran a toda la comunidad escolar.

Los niños pueden sacar el equipamiento y recibir clases de Música o Arte en el patio. Se puede integrar la sala de música con el comedor, para armar una clase que involucre a más de un grado.

El diseño radial de los bancos permite agruparlos de múltiples modos, pudiendo generar un círculo, una víbora, semicírculos, rectas y todas las variantes que se les ocurran a los niños y los maestros, permitiendo adoptar distintos modos de utilización del espacio, de acuerdo a la actividad que se desarrolle. Si el equipamiento no se utiliza, puede estibarse para dar lugar a otro uso del espacio.

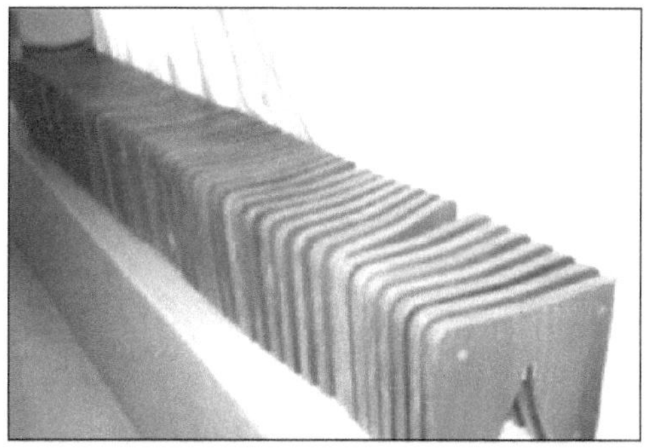

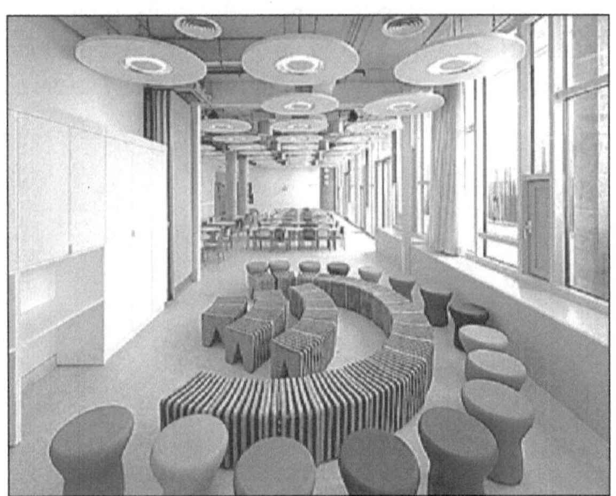

La piedra bola no solo es decorativa, según Francesco Tonucci, es un material natural que sirve para jugar, armar figuras, esconder papeles con palabras debajo de ella, los niños encuentran alguna y entre todos arman un cuento, con esa palabra.

Francesco Tonucci en su libro *Los materiales* dice:

"...Desearía que estos apuntes pudieran ser útiles, antes que en las aulas escolares, en las aulas de las escuelas de Magisterio, a jóvenes que quieren redescubrir el placer del encuentro con los materiales naturales, el color, la arcilla y la madera, para poder llegar a ser maestros que sepan respetar las habilidades de sus alumnos y proponerles las técnicas adecuadas para que aquellas habilidades crezcan coherentemente con las capacidades intelectuales y sociales". (p. 7).

"Este libro se ha escrito… y dibujado pensando… en el niño que vive una experiencia fundamental entre los tres y los seis años en la escuela". (p. 11).

"Comprender mejor la escuela es, en verdad, el primer paso para una verdadera gestión democrática. Para los educadores de los jardines de la infancia, porque la experiencia dice que precisamente las actividades con estos materiales elementales pueden ser propuestas al niño incluso antes de los tres años y que haberlas encontrado antes de esa edad tendrá para el niño un efecto positivo en su desarrollo expresivo". (p. 12).

"Para que en suma, termine con la destrucción de creatividad realizada por la escuela y por los adultos en general hasta el extremo que al cabo de pocos años casi todos los niños dicen 'no sé dibujar', 'no sé modelar', 'no sé hacer', del mismo modo que dicen 'no sé cantar', 'no sé bailar', etc. La vieja opinión de que saber dibujar o moldear es un don de la naturaleza debe ser rechazada porque es un preconcepto falso, aunque cómodo…". (p. 12).

"[Los niños:] De tener una función puramente pasiva pasan a ser el objetivo principal de la actividad escolar, que se articula en rincones, talleres de pintura, de arcilla, de dramatización, de carpintería, etc.". (p. 14).

Para continuar pensando en cómo resolver estos lugares, vale la pena seguir citando a algunos referentes pedagógicos.

Luis Fortunato Iglesias fue invitado por una cátedra de la Facultad de Arquitectura de la UBA para contar su experiencia pedagógica:

"...No se enseña a estudiar en la escuela se enseña a *pensar*". (p. 17).

"...el aula debe estar provista de aparatos tales como: reglas, compases, escuadras, cintas métricas, transportadores, medidas de litros, metro cuadrado, metro cúbico, reloj, termómetro, balanza, almanaque movible, brújula. La ejercitación con estos aparatos se desarrolla permanentemente en el proceso de enseñanza. Se mide la escuela de punta a punta: el patio, los muebles, las ventanas, las puertas, los zócalos, el piso, el pizarrón. Se mide la estatura de cada niño, se comprueban los pesos y se hacen cuadros comparativos...". (p. 66).

"*El estudio de la escuela o el barrio*, por ejemplo, permite realizar incursiones de observación en el medio local. El niño primero debe conocer lo que lo rodea: las viviendas, los árboles, los animales, los transportes, las calles, las aves, las personas, etc.". (p. 70).

"Un espacio donde los alumnos pueden acercarse a conocer y estudiar los objetos concretos de la naturaleza es el *museo escolar*". (p. 71).

"El *cine escolar* fue una de las actividades que cumplió con la función de amalgamar trabajo con entretenimiento". (p. 73).

"Las *audiciones dedicadas a la música* también permitían arribar a algunos saberes escolares a través de actividades más entretenidas. Así por ejemplo, para las sesiones se elegían tres o cuatro títulos en versiones preferentemente cantadas. Antes de pasar cada canción, se hacía un comentario explicativo usando mapas, ilustraciones, lecturas breves". (p. 74).

"...la escuela es vivida y necesita ser pensada, es un lugar para crear espacios y actividades que permitan hacerla de muchas formas, de otras formas. En ese sentido, la escuela es una posibilidad, no solo un hecho ya establecido: siempre está abierta, se la experimenta de múltiples formas, puede cambiar, conservarse, reciclarse, y ser pensada de diferentes maneras. Se la construye diariamente, aunque a veces parezca inmutable, permitiendo o clausurando posibilidades". (p. 81).

Francesco Tonucci

"Una administración puede asumir como regla que los cruces de cebra sean continuos y que mantengan siempre su función: deberán ser los coches los que suban a la acera para entrar en los garajes o en los patios. También los cruces peatonales, salvo los de las calles de mucho tráfico, *podrían elevarse manteniendo el pavimento y el nivel de la acera.* Medidas similares permitirían un tránsito de peatones seguro en el interior de los barrios; se podría llegar al mercado, al colegio, a los jardines, sin bajar nunca de la acera, con tranquilidad y seguridad". (p. 118).

"*Un laboratorio de la bicicleta en la escuela.* Para avivar la pasión de los niños y los jóvenes por la bicicleta y promover su uso como medio habitual de transporte el ayuntamiento podría proponer a los colegios primarios y secundarios abrir, con su contribución, laboratorios de bicicletas.
...se propone abrir un laboratorio para el desmontaje, el ajuste y el mantenimiento de la bicicleta. *En este laboratorio podrían estudiarse las diversas 'dimensiones' de este vehículo: la física de la bicicleta* (las palancas, las juntas, el impulso, la velocidad); *la armonía de la bicicleta* (los músculos más activos, el esfuerzo, los beneficios); *la historia del ciclismo* (las grandes competiciones, las marcas, los grandes campeones, la afición). Se trata, pues, de un recurso multidisciplinario muy cercano a los intereses de los alumnos, tanto chicos como chicas". (p. 127).

Se pueden ver más contenidos audiovisuales a través del siguiente anexo digital

https://germyd.wixsite.com/miradas-y-escuchas/cap6

Capítulo 7
Hacia la capacidad de infancia. Asombro y encanto

Carlos Skliar | Pedagogo

Deseo de Infancia

En una entrevista, a propósito de este libro, Carlos Skliar comienza su acercamiento a la temática del jugar en las infancias a través de un relato del escritor Bruno Schulz llamado "El Jubilado", de su libro *Madurar hacia la infancia*.

"En ese relato, el jubilado se siente tan a gusto con la vida… tan liviano, tan ligero. Se siente, por fin, que ha llegado el momento de estar sentado sin hacer nada, irresponsablemente, él dice. Pero está tan ligero, hasta tal punto, que le sobreviene un deseo de ir a la escuela de nuevo… Y entonces pide permiso para volver a la escuela. Estaba tan liviano que los chicos lo reconocen como uno de los suyos. Y tan ligero, que hasta los directores de la escuela lo presentan como si se tratara de un huérfano… Es tan jubilado que es huérfano, obviamente, pero al mismo tiempo está tan liberado que se siente un niño. Y empieza a ir a la escuela, y en la medida que entra a la escuela, como niño, empieza a asumir la gestualidad niña y se pone atolondrado, lo que no era. Se pone atolondrado de repente. Se distrae con cualquier cosa. No le interesan las verborragias de los maestros, con sus dictados y sus cosas inoportunas que interrumpen el juego. Y comenta que se vuelve coleccionista, después de mucho tiempo… coleccionista de cosas inútiles. Entre ellas, piedritas y botones… Llega un momento en el que él se siente cada vez más liviano, que un buen día, en una especie de brisa que conmueve a la escuela, sale volando y se pierde en la maraña de los cielos, de las nubes. Y él descubre, y ésta es su última frase, lo amarillento del espacio otoñal".

Así, Carlos Skliar parte de este cuento que lo convoca para desplegar algunas ideas sensibles sobre el jugar y las infancias.

Temporalidad de la Infancia

Carlos Skliar menciona que en la mitología griega solía representarse al dios de la infancia de un modo en el que la fisonomía no era sólo infantil sino también anciana,

> "considerando al anciano como el dueño del tiempo, aquel que ya no tiene necesidad de adelantar el tiempo o de borrarlo, porque total no le queda tiempo. Y el niño, del otro lado, que sería aquel capaz de sorprenderse, todavía, y de no saber nada acerca de la duración del tiempo sino de la intensidad".

En estas ideas se basa el autor para plantear la importancia de pensar la educación como reunión entre lo viejo y lo nuevo: "ennietizar a los niños y abuelizar a los maestros". Skliar propone que debe haber una separación, una distancia para poder contar algo, y hace referencia a una problemática epocal en relación a los vínculos intergeneracionales, donde se observa cierta mezcla confusa (de lo idéntico) que no favorecería esas distancias necesarias para contar y, por ende, emergen las preguntas: "¿dónde está el niño? y ¿dónde está el adulto?".

Carlos Skliar, recurre a otro relato, esta vez de Stig Dagerman llamado *Matar a un Niño*.

> "El título no quiere sorprender ni quiere enunciar nada, porque ya en el primer párrafo cuenta el final, y es que dentro de ocho minutos un niño va a ser atropellado en el medio de un camino y se va a morir. Y lo que el relato me parece que plantea es: ¿qué pasa con todo lo anterior durante esos ocho minutos? El relato retrocede en el tiempo, hace ocho minutos para atrás, ya sabemos que el chiquito va a morir, y cuenta la historia de los adultos que, de algún modo, van a protagonizar este accidente, sin quererlo, por supuesto; mostrando cuánto todos son felices porque desconocen que

dentro de ocho minutos uno matará a un niño, sin quererlo, los padres no tendrán más un hijo… Y, al final del relato, aparece una frase, que me llamó mucho la atención, que es 'después todo es demasiado tarde'. Esta es la frase con la que corola el relato… Esta misma frase la encontré en un escritor mozambiqueño, llamado Mia Couto… que define la infancia no como un tiempo, no como una edad sino ***cuando todavía no es demasiado tarde***. Es decir, cuando todavía hay sorpresa, cuando todavía no hay desenlace, cuando todavía tenemos tiempos, cuando todavía el mundo nos encanta… Cuando todavía no es tarde para encantarse. Entonces usa, a mi modo de ver, las dos grandes definiciones de infancia. Una va por el lado del asombro, lo que junta al niño con el filósofo o con la filosofía. El asombro como el nacimiento, ese estupor, o esa estupidez inicial, que mal es vista como ingenuidad o como inmadurez, sino que es, todavía, un sujeto capaz de asombro, de no saber. Y, por otro lado, el tema del encantamiento lo junta con la figura del *infancia art*. Entonces aquí tenemos cómo la infancia es eso… Luego viene el mundo, y hay que ver qué hace con este futuro fiolósofo y este futuro artista. Dagerman decía… que a inventar se empieza pronto pero luego te arrebatan el hábito de inventar… La vida se trataría, dice él, de no dejar que te lo arrebaten, de que no te roben ese hábito de invención".

Te invitamos a ver y escuchar la entrevista completa de Carlos Skliar a través del código QR asociado a este libro.

Se pueden ver más contenidos audiovisuales a través del siguiente anexo digital

https://germyd.wixsite.com/miradas-y-escuchas/cap7

Capítulo 8
El juego desde la perspectiva de género.
Nuevas posibilidades para pensar la clínica psicomotriz y la socialización de lxs niños, niñas y niñes

Mara Lesbegueris | Psicomotricista

Introducción

Frente a esta invitación a construir *Miradas y escuchas sensibles del jugar en las PRIMERAS INFANCIAS,* en la posibilidad de abrir las lógicas y sentires sobre el juego, voy a tratar de compartir algunos interrogantes y reflexiones elaborados a partir de la clínica psicomotriz con niñxs, en diálogo con mi formación en antropología social, y mi experiencia como docente universitaria, en diferentes cátedras y dispositivos que promueven la "formación corporal" de lxs estudiantes que aspiran a trabajar desde distintas disciplinas con las infancias.

Me resulta sumamente interesante pensar cómo el juego, siendo un recurso histórico en la clínica y socialización de lxs niñxs, necesita siempre releerse y repensarse, incluyendo nuevas perspectivas de análisis y profundización, en un contexto de producción y consumo, en donde las pantallas y juegos virtuales arrasan drásticamente las posibilidades de jugar corporalmente, en contacto directo con otros cuerpos.

En particular voy a detenerme a pensar el juego desde la perspectiva de género junto algunas necesidades inherentes a la clínica en los procesos de socialización de los niños, niñas y niñes. Para ello voy a referirme a tres cuestiones que me parecen de relevancia:

1. La formación lúdico-corporal de los futuros-actuales profesionales dedicados al trabajo con las infancias.
2. La dimensión política de lo corporal y los juegos (junto a los aportes de los movimientos feministas).
3. La función de los juegos corporales en la construcción de las identidades y expresiones de género (en un contexto de desgenerización de los juegos).

Desarrollo

1) Hay un gran consenso entre los terapeutas en valorar dentro de los diversos dispositivos clínicos la necesaria formación que un terapeuta tiene que tener para poder jugar de manera profesional junto a los niñxs. Podemos estar de acuerdo con la posibilidad de contar con sus corporeidades como material imprescindible de trabajo. Es necesario un terapeuta y un docente que sepa jugar (no solo que conozca de las nociones generales y particulares del juego) sino que pueda ser capaz de convertirse ficcionalmente en "el objeto" que el niñx necesita para crear su propio juego.

> "No basta conocer cuál es el rol asignado por el otro en la trama vincular, sino es necesario poder asumirlo con el menor margen de ambigüedad. Es esta asunción del rol asignado (siempre que éste sea beneficioso para los objetivos trazados) lo que da cuenta de la disposición del psicomotricista". (Calmels, 2018, p. 152).

Por ello, pienso que el ejercicio de un rol profesional no puede aprenderse desprendido de su práctica y las instancias de formación corporal son un espacio-tiempo interesantísimo que anuda esta experiencia. La escucha, la mirada, la palabra, el silencio, la actitud postural, las maneras de contactar entre otras manifestaciones tienen que disponerse en espacios y tiempos específicos, para poder jugar.

La Formación Corporal del terapeuta o docente implica poder disponerse de diversas formas, al contacto con *lo informe*:

- al reconocimiento de las propias matrices lúdicas y de aprendizaje,
- a la exploración del campo sonoro y de la puesta en juego de la propia voz y escucha,

- a la disponibilidad corporal para el contacto con otros cuerpos,
- a la plasticidad actitudinal para entrar, permanecer y salir de diversas escenas lúdicas o actividades,
- a revisar las propias manifestaciones de la agresividad[1],
- a reconocer las diferencias entre erotización y placer, y contar con las instancias de censura necesarias para no proyectar los deseos propios hacia el cuerpo del niñx,
- a tomar conciencia de los modos en que las manifestaciones corporales expresan el propio género, la nacionalidad, la etnia, la clase social, la edad a la cual se pertenece,
- a detectar las propias defensas, preconceptos o prejuicios que se despliegan frente a "lo otro",
- a potenciar la creatividad y la capacidad imaginante,
- a jugar y construir relatos lúdicos,
- a la puesta en escena del cuerpo,
- al contacto con el lenguaje figural,
- a registrar las propias idealizaciones y estéticas lúdicas,
- al ejercicio de la mirada plena y a la observación intencionada,
- al contacto con la quietud, el descanso y la relajación, entre otras.

Sabemos que la tendencia a la feminización en el número de profesionales dedicados a las infancias, no es sólo una tendencia natural ni estadística, sino que corresponde con la estrategia patriarcal-colonial-capitalista de delegación del trabajo afectivo hacia las mujeres. El trabajo de reproducción (doméstico, de crianza, de cuidado) que emerge a partir de la concepción moderna de la familia burguesa y la división sexual del trabajo, sostiene aún gran parte de la producción social económica[2].

---

1. Así como es necesario contactar con aquello que nos impulsa a construir, crear, formar; también es sumamente necesario revisar lo que tendemos a destruir, imponer o deformar.

2. El movimiento feminista de los años setenta ha puesto en visibilidad la constante explotación que supone el trabajo reproductivo no remunerado de las mujeres, cimiento de la estructura económica y social capitalista. La revuelta hacia este tipo de trabajo y la salida al mundo de la producción no ha terminado de resolver la devaluación existente de la posición social de las mujeres. Sin embargo, la mercantilización del trabajo reproductivo produjo una *desgenerización del trabajo* (Hardt y Negri, 2005): en la transición del plano ontológico al plano económico, anunciando el fin de la división sexual del tra-

Ser terapeuta o maestrx hombre, mujer o transgénero tiene una innegable influencia en el campo relacional transferencial. Si bien la posición terapéutica no tiene género, la puesta del cuerpo en el terreno de juego se expresa asumiendo una generización. Por lo tanto, jugar con niñxs no sólo es asumir un lugar transferencial en la escena terapéutica, sino poner en juego el cuerpo de acuerdo a ese lugar asignado, corporizando gestos, actitudes, acciones y actos, que se diferencian genéricamente en la persona y de acuerdo a la subjetividad de cada terapeuta.

Del mismo modo, sabemos que ser terapeuta-docente-mujer no garantiza una práctica terapéutica o educativa que promueva la equidad entre los géneros. Se actúa desde el lugar profesional, en numerosas ocasiones, desde parámetros patriarcales y heteronormativos.

El jugar, si bien es el lenguaje cotidiano de los niños y de las niñas, no por ello, es neutral o ingenuo en lo que respecta a las relaciones de poder que allí se ponen de manifiesto. No necesitamos extendernos a la adultez para detectar una matriz asimétrica, a partir de la distribución desigual y jerárquica de tareas, roles y lugares en función del género. El jugar no solo contiene bondades, carga con inercias repetitivas (que lo llevan a su agotamiento) y pocas veces logra enunciarse despojado de mandatos y miradas moralizantes.

2) Si acordamos que el juego es uno de los lenguajes-experiencias vitales en las infancias, repensar las lógicas desde donde se habilita o no el placer, el deseo y la alegría, se torna ineludible como proyecto corporal y político.

El afecto, retomando la filosofía spinoziana, no es solo un sentimiento sino la potencia corporal que impulsa a actuar e interactuar. La "ética de la alegría" se corresponde con la posibilidad y potencia que tiene ese afecto en tanto que expande nuestras capacidades y posibilidades de encuentro afectivo con otros, y por lo tanto tiene un carácter transformador de nuestra existencia.

La psicomotricidad se encuentra con la perspectiva feminista en la pregunta por los *cuerpos* y sus *subjetividades*. Insiste en

---

bajo. El trabajo reproductivo se reconfiguró en la era postfordista volcándose en gran medida sobre las mujeres pobres e inmigrantes (Federici, 2018).

mantener abierta la interrogación sobre sus modos de construcción en la amalgama de tramas sociales, discursos, desigualdades históricas y "saberes situados" (Haraway, 1991).

Pensar en la construcción de las identidades es pensar en la construcción de los cuerpos, pues es el cuerpo la "insignia de nuestra identidad" (Calmels, 2009) y el género es uno de los rasgos distintivos que nos representa, no sólo intersubjetiva, sino social y culturalmente.

Nos constituimos a partir de la interacción lúdica y en la relación amorosa con otros cuerpos (en el mejor de los casos), que representan la comunidad, la sociedad y la cultura en la cual estamos inmersos.

Sin embargo, es necesario advertir que estamos atravesando un proceso en donde el orden binario mujer/varón no alcanza para explicar las multiplicidades de construcción de identidades corporales. Las identidades trans, en este sentido, mantienen abierta la necesidad de seguir pensando el reconocimiento de otras formas de expresión de las identidades que cuestionan el binarismo de género, refutando la sentencia que expresaba que "*la anatomía es el destino*". No hay dos maneras de construir genéricamente los cuerpos, ni siquiera tres, sino tantas como personas hay[3].

El género, por lo tanto, no es una categoría descriptiva sino analítica y política, porque permite pensar las dimensiones de poder (jerarquías y silenciamientos) socio-histórico, que se manifiestan a partir de la diferenciación sexuada de los cuerpos. Frente a argumentos que conciben la masculinidad y la feminidad como derivadas "naturalmente" de características biológicas, la perspectiva de género, va a destacar en primer término, la existencia de una interpretación simbólica de la diferencia sexual, dando visibilidad no solo a la diversidad cultural sino a las desigualdades sociales que históricamente subyacen a partir de tal diferenciación.

---

3. La posibilidad de articular elementos de la teoría feminista y de la teoría *queer* para pensar la construcción de cuerpos e identidades permite advertir el relevo de experiencias que reproducen y cuestionan el sistema cultural sexo-género. Estas perspectivas plantean pensar la construcción de las identidades en su multiplicidad, con posibilidades abiertas, en devenir constante (sostenidos por los principios filosóficos de Foucault, Deleuze, Guattari, Derrida y Butler, entre otrxs).

La masculinidad y la femineidad, e incluso la ambigüedad de género o las disidencias sexo-genéricas, se encarnan a través de las diversas *manifestaciones corporales*: las modalidades de contactar, gesticular, emitir la voz, construir rostros, miradas, actitudes posturales que nos posicionan en el espacio y el tiempo; y portan los imaginarios sociales vinculados al género acorde a cada época y contexto.

A pesar de los avances en términos de derechos y oportunidades, los intentos de "normatización" y "patologización" de los cuerpos que se alejan de lo inteligible, continúan presentes en numerosas prácticas profesionales.

Una de las preguntas que comencé a formularme con vehemencia fue por qué las niñas continúan siendo minoría en los estudios y consultas en psicomotricidad[4]. Pareciera que en nuestra sociedad, la pregunta por las problemáticas corporales tiene más lugar para los niños varones. La habilitación a la puesta en funcionamiento del *cuerpo* en el espacio de acción y sus posibilidades de autonomía se encuentran –aun hoy– más restringidas para las niñas. No es necesario llegar a la adultez para denunciar una distribución jerárquica de tareas y funciones dentro y fuera del hogar.

Cuando se denomina a los juegos como femeninos o masculinos, se está creando una categorización desde un ordenamiento heterosexual, que sabemos limita las múltiples variaciones del jugar.

Así como "lo femenino", "el juego" y la categoría "niñas" son construcciones mutables en el tiempo, las niñas como sujetos de discurso han sido interpretadas desde distintas formas de concebir no sólo las infancias, sino las prácticas de crianza, y lo esperado para su futuro generacional como mujeres.

---

4. Trabajé en el área de psicomotricidad del servicio de psicopatología infanto-juvenil del Hospital de Clínica "José de San Martín" (CABA, Argentina), dirigido en ese entonces por la Dra. Lucila Agnese, desde el año 1999 a 2004. Durante la crisis de 2001 comencé a interiorizarme en la problemática del género pues fue en ese período donde comenzaron a llegar más niñas a psicomotricidad. Durante ese año el porcentaje de atención de niñas era del 8% sobre un 92% de niños varones. Volví a relevar el número de niñas durante el primer semestre de 2018, y si bien hay una modificación en número, continúa siendo francamente abismal la proporción-desproporción (13% de niñas frente a un 87% de niños varones).

Sabemos que los discursos construyen realidades[5]. Las niñas, los niños y niñes existen en relación con diferentes relatos, imágenes y prácticas culturales, familiares que les dan nombre, encarnadura y sentido.

Como señala Butller (2007), el género contiene una dimensión performativa sostenida desde la normatividad heterosexual y patriarcal. Como legado cultural, permite formas de participación, cohesión y conformación de identidades corporales subjetivas y colectivas, que repiten convenciones y construyen relatos muchas veces restrictivos para las niñas. Este procedimiento discursivo da vida, reglamenta y regula la misma práctica lúdica y corporal.

- Si la niña, niño o niñe se considera como "menor" existe por una relación cuantificable con lo "mayor"-adulto. El adulto-centrismo prima en esta expresión borrando las posibilidades agenciales en las infancias.
- Si el niño es "lo universal", a la niña y al niñe le queda el lugar de "lo otro", invisibilizado. El patriarcado aún tiene vigencia.
- Si el niño es "lo activo", la niña es "lo pasivo". Los valores tradicionales (reproductivos) de una sociedad se mantienen estratégicamente a lo largo del tiempo como un bastión moralizante que asume la pasivización de los cuerpos de las niñas y de sus pasiones.

---

5. A mediados de los años noventa J. Butler, filósofa y pensadora *queer*, apoyándose en la teoría de Austin (1980) e integrando los aportes de J. Derrida (1989) piensa la performatividad en relación con el género. Dirá que estas expresiones no son ejercicios libres, ni producto de la voluntad individual sino acciones repetidas, actuadas y reconocidas por la tradición y la convención. Elegir un género es interpretar las normas de género recibidas organizándolas de un modo nuevo. Más que un acto de creación radical, el género es un proyecto tácito de renovación de la historia en los propios términos culturales (Butler, 2007).
Encuentro en el ámbito académico una gran resistencia a utilizar el lenguaje inclusivo, ajustándose cabalmente a la estructura lingüística de la convención imperante y la palabra oficial de la Real Academia. No obstante, la ley de Identidad de género (Ley 26.743) fue en Argentina sancionada y promulgada en el año 2012, por lo cual constituye un derecho que tiene cualquier persona a que se la reconozca tal como siente que se auto-percibe. En este marco, incluir la "e" es un acto político de reconocimiento hacia el otro que no se encuentra representado dentro de los marcos binarios de significación. Nombrar y normar ritman en la búsqueda de sentidos, habilitando un lugar de referencia que incluya a las disidencias sexo-genéricas.

- Si la niña es "lo inocente" habrá que protegerla/controlarla de los males de la humanidad. Los discursos proteccionistas no dejan de generar necesidades tutoriales para las infancias junto al riesgo de silenciar sus voces.
- Si se considera a la niña de "naturaleza salvaje" habrá que domesticar-civilizar sus impulsos. La colonización tiene vigencia en nuevas pretensiones de dominación sobre los cuerpos.
- Si la niña se designa como "débil", no se asume en ella fortaleza y potencia.
- Si la niña es "lo frágil" habrá que cuidarla no sólo del esfuerzo físico, sino mantenerla en espacios próximos y vigilados. La pedagogía del disciplinamiento y del control, ha encontrado en la mercantilización nuevas formas para vigilar y someter a los cuerpos desde pequeñas.

Como muestra la imagen, el collar de la muñeca tiene una cámara que filma el juego de las niñas y el archivo puede ser bajado en una aplicación por sus padres para luego poder ser visto.

¿Qué nos dice el juego de las muñecas, de los cuerpos de las niñas, niños, niñes y sus modos de interacción social?[6].

---

6. Algunas de estas ideas se desarrollan en un libro inédito de mi autoría denominado: *Compostura de muñecas*, en donde exploro fundamentalmente las posibilidades de agencia de las niñas en el juego de muñecas a partir de relatos construidos en la clínica psicomotriz.

Mi interés es poder reflexionar sobre el objeto muñeca y el juego que con ella se realiza, intentado analizar tanto los modos en que el género se expresa en sus materializaciones (junto al ideal regulatorio y su legitimación) como la praxis lúdica e interaccional que deriva de ellas.

La femineidad fabricada, los patrones estéticos encorsetados, y un tipo o ideal de belleza encarnizada proliferan y se aggiornan como estrategias para alcanzar desde la infancia, la cosificación, domesticidad y pasivización femenina. Sin embargo, es necesario advertir que ningún rol o imagen estereotipada puede construir posibilidades de juego y autonomía.

En la muñeca conviven la pose, la postura, y la composición. Pero también, en ella nos encontramos con los residuos de una leyenda y sus avatares mitológicos que congregan a una comunidad. La tradición y el romanticismo, la seducción y sus ornamentos.

Jugar por lo tanto no solo remite a un espacio intermediario particular sino a una *temporalidad transicional*, en donde la misma experiencia lúdica-corporal *deviene* poniendo en tensión el pasado y el porvenir, la tradición y la vanguardia, lo repetido y la invención, la performance normativa y la creación imaginativa[7].

La "ética del cuidado", marcada por el género, predispone en el juego de las muñecas a la disponibilidad, a la reciprocidad y a la responsabilidad hacia el otro. Sus derivados: el amor al prójimo, el amor maternal, el amor romántico, hasta el amor a una estética uniformada que consume nuestras existencias.

La tradición y la memoria colectiva necesitan de narraciones y actos que cuenten con lo analógico y lo simbólico. Numerosas canciones infantiles y juegos de rondas tradicionales refuerzan esta perspectiva de una niña destinada al mundo de los afectos.

Arroz con leche, me quiero casar.
Con una señorita de San Nicolás.
Que sepa cocer, que sepa bordar.
Que sepa abrir la puerta para ir a jugar.

---

7. El devenir nos dice Deleuze (1997) es un medio. No es alcanzar un modelo, arquetipo, o ideal por imitación paródica o identificación simplemente. Jugar nunca es un preexistente ni un simple anhelo. Avanza en el tiempo. Corporiza. Lo tradicional y normativo no es lo antagónico del devenir y de la transformación de los cuerpos, sino su condición de posibilidad.

Yo soy la viudita del barrio del rey.
Me quiero casar y no sé con quién.
Con esta sí, con esta no.
Con esta señorita me caso yo.

Sin embargo, es también en las interacciones con las muñecas donde es posible observar una "contra belleza", espacio en el que se construye un escenario de disenso frente a aquellas tipificaciones que parecieran querer esencializarlas y reducirlas al mundo de la cosificación y la domesticidad. Cuando las muñecas adquieren vida en la ficción, dejan de ser materia inerte y se trasmutan por sus usos, simbolizaciones y corporizaciones abriendo un *escenario de disenso,* para que lo "indecoroso", lo "horrendo", lo "grotezco" y lo "indebido", tenga también lugar de expresión, sin ser sancionado.

La metáfora antropomórfica de la muñeca, utilizada incluso en algunos rituales de pasaje, puede estar asociada a la muerte o tener el poder de provocar algún daño. No solo las muñecas atraen entonces, las fuerzas del amor, ni pertenecen al mundo de los juegos sino que participan de ritos funerarios y conviven en muchas comunidades con la enfermedad, la superstición y la muerte. Sin querer desvalorar su contexto de continuidad cultural y los modos en que las muñecas pueden participar dando cohesión a un colectivo social, es necesario advertir que "la muñeca" ha sido instrumento de la "pedagogía del disciplinamiento" y puede operar cosificando y fragilizando subjetividades en el intento de hacer de las niñas muñecas (objeto de juego y manipulación).

En este sentido, podemos pensar que los juegos corporales portan relatos y significaciones imaginarias con efecto de verdad, que normatizan las condiciones de productividad de los cuerpos, para que sean funcionales a la sociedad a la que pertenecen. Pero que es a partir de la particularidad de cada niñx y de cada comunidad, que la práctica lúdica se re interpreta y encarna tomando estas normas y procedimientos con posibilidades abiertas, creando otras reglas y otros procedimientos que movilizan ciertas convenciones tradicionales.

Lo contrario a la autonomía no es la dependencia sino el sometimiento. No acompañamos a les niñxs para que acaten normas y se sometan a arbitrariedades, sino para que construyan legalidades que estructuren condiciones de emancipación y respeto, y esto comienza a gestarse desde el vientre materno en la dependencia y necesidad corporal que como seres humanos tenemos, no de otro cuerpo sino de otros cuerpos. Porque, para la crianza y el cuidado infantil, no se necesita una madre (no solo una madre), sino una comunidad que ponga el cuerpo, que entreteja vínculos humanizantes, lúdicos y sostenedores. Una madre sola, sin comunidad y lazos sociales que le garanticen su pertenencia y existencia, muere también, al menos como madre, en su rol y función. "No hay comunes sin comunidad" (Federici, 2018, p. 293).

3) Especialmente el psicoanálisis durante un largo recorrido nos viene aportando la posibilidad de pensar al juego como escritura constitutiva de la subjetividad infantil. Como el principal lenguaje de las infancias que posibilita la elaboración simbólica de conflictos, al tiempo que habilita el despliegue de la imaginación y la posibilidad de corporización. El desafío de cualquier terapia como nos ha enseñado Winnicott (1971) es llevar a esa "zona de juego" a ese niñx que no juega. Esa simple propuesta es la complejidad de la clínica con niñxs, en la cual estamos los psicomotricistas y nos aventuramos. Pensando entonces que la posibilidad de jugar es la posibilidad de ir construyendo la corporeidad.

Pero jugar es justamente no forzar, ni estimular, ni ordenar, ni obligar. Para ello, la artesanía del trabajo clínico intentará leer desde el despliegue singular la posibilidad de juego (aún en el no juego).

¿Qué "hace" ese niño, niña, niñe que no juega o no puede hacer lúdicamente? ¿Qué materias de juego tiene a disposición? ¿Con qué se aferra, conecta, siente, evade incluso se aísla o desconecta?

Sostenidos en la premisa de que es el deseo el que impulsa la posibilidad de jugar, nos preguntamos por el modo en que el mismo se va encarnado en la propia corporeidad. Los "juegos de crianza" (Calmels, 2005) nos muestran este posible recorrido. El modo en que los otros primordiales, encargados de la crianza, van introduciendo amorosamente el campo ficcional a través de los juegos de *sostén, ocultamiento y persecución*. Temporalidades constitutivas de la corporeidad y del juego. Instalarnos en estas instancias previas al jugar autónomo nos resulta esencial para pensar las intervenciones lúdicas corporales de los niños, niñas y niñes que no juegan.

La clínica ha demostrado que el significante (es decir, la cultura, la lengua, el deseo de los padres, el ejercicio de la función materna-paterna) inscribe sobre los cuerpos su posibilidad de funcionamiento y de juego. Esto no quita que no haya distintos tipos de resistencias a tal escritura.

Pienso en lo que es necesario construir previamente al juego autónomo de un niñx y en nuestras intervenciones lúdicas vinculadas a la posibilidad de ir instalando esos "significantes formales" en términos de D. Anzieu (1987), o "significantes de demarcación" como los nomina P. Auglanier (1975), sobre la corporeidad infantil. Esos significantes que anteceden a los significantes lingüísticos y codifican la corporeidad: inscriben la tensión y la distensión, el placer y el displacer, el equilibrio y el desequilibrio, la unión y el distanciamiento, la presencia y la ausencia, desde una relación de máximo contacto y sostén a la progresiva separación de los cuerpos, esa escritura es la que se produce a partir de la relación corporal entre un adulto y un niño, niña, niñe "puesto en situación lúdica". En este sentido, los *juegos de crianza* (Calmels, 2005) pueden leerse como un *proyecto emancipatorio*[8] que va del *sostén a la transgresión-autonomía de los cuerpos.* Instancia que permite ir del cuerpo familiar al espacio de juego "común" con otrxs niñxs.

Caminar es soltarse de la mano del otro para caminar por los propios medios en el espacio de lo común y colectivo, teniendo, no solo como motor, sino como horizonte *el deseo.* No camino entonces porque quiero caminar sino porque quiero ir hacia alguien o hacia algún lugar diferente, y por ello me movilizo. La emancipación es más un trayecto a andar que un punto de llegada. Marchar exige un "cambio de estado" y por eso es un hito revolucionario en la infancia.

En este sentido, no hay posibilidad de jugar sin imaginar e inventar mundos posibles de significación, y esta creación, no consiste solo en desear, imaginar (o proyectar el yo) sino que

---

8. Según el Diccionario de la Real Academia, "emancipación" es la "acción y efecto de emancipar o emanciparse". Y el verbo "emancipar" tiene dos acepciones: "a) libertar de la patria potestad, de la tutela o de la servidumbre; b) liberarse de cualquier clase de subordinación o dependencia". Desde el punto de vista etimológico, el término "emancipar", significa literalmente "quitarse de encima la mano del amo".

implica un devenir-hacer en el que el cuerpo se va configurando de la mano de los símbolos y de la imaginación subjetiva-colectiva.

Los roles y estereotipos asignados genéricamente por la cultura, son reinterpretados desde los propios códigos y maneras de auto-percibirse y constituyen una necesidad vital de expresión. Disfrazarse, parodiar, confrontar, negociar, resistir, acordar, imaginar, subvertir, crear, luchar, son actos que se gestan y ensayan lúdicamente en las infancias junto a otros cuerpos.

El "mundo rosa", reproductivo orientará mediante diversos dispositivos lúdicos la posibilidad de jugar a la casita y ensayar lúdicamente tareas domésticas y afectivas. Imitar e identificarse con el rol maternal a través del uso lúdico de los bebotes y muñecas. Corporizar princesas, hadas y barbies, y poco de superheroínas (menos aún de aquellas brujas que se rebelan frente a las convenciones sociales).

Sin duda el modo de jugar a la mamá, a la casita, a las princesas es marcadamente particular. Pero las temáticas y contenidos desplegados en estos juegos contienen "relatos de presentaciones-representaciones ficcionales colectivos" (Calmels, 2018) que recrean las tradicionales temáticas argumentales, aggiornadas por el contexto histórico-social y por la dramática familiar, personal corporal generizada. Esto nos permite comprender cómo la experiencia lúdica-corporal se estructura apelando a relatos existentes que se actualizan/modifican en la práctica lúdica misma.

El imperativo actual sobre los cuerpos que los medios de comunicación transmiten incansablemente, apresura la adultización de muchas niñas, que sueñan con exhibir sus pechos y sus formas ante la mirada de otros. Las fotos y los videos de las niñas con poses sensualizadas que circulan por el ciberespacio dan testimonio de ello. Presentadas como consumidoras lúdicas de una estética corporal, que las disciplina tempranamente restando posibilidades de juego y autonomía. Un ejemplo de esto lo constituye la organización de cumpleaños en "spa" donde las niñas quietitas ¿juegan? a hacer y ser modelos. Ponerse cremas, maquillarse, desfilar, posar.

No obstante ello, recientemente un comercial de la cadena Carrefour tuvo que sacar una publicidad que apelaba a la venta de juguetes desde una manera sexista, en donde invitaba a la compra a partir de la designación de la letra "C" de campeón, constructor para los niños varones y "C" de coqueta y cocinita para las niñas.

Esta publicidad, no contó en CABA con consentimiento social y tuvieron que disculparse y sacarla de la promoción. La visibilidad de las desigualdades en torno a ciertos mandatos que reducen a las niñas al ámbito doméstico y al mundo de la cosificación estética, evidencia nociones que ya no tienen la pregnancia de otros tiempos, lo que nos anuncia que estamos atravesando en algunas regiones, una etapa de "desgenerización de los juegos" ligada a la crisis de la división sexual del trabajo y el progresivo ingreso de las mujeres en la fuerza del trabajo asalariado y los ámbitos públicos y políticos.

Las conquistas y las luchas feministas tienen efecto político, no solo porque permiten reestructurar las relaciones sociales en términos más equitativos entre los géneros, sino porque presentan para las infancias nuevos modelos y narrativas donde poder verse, imaginarse, proyectarse y contarse; creando nuevos espacios para poner el cuerpo y habitar con libertad la infancia.

Considero que la experiencia misma del jugar es una oportunidad que nos conduce como sociedad a la reflexión en torno a los modos en que producimos valor desde el trabajo afectivo. Con posibilidades abiertas para que el *deseo de ser y hacer* se manifieste, y la creación lúdica permita inventarnos en la *pluralidad de sentidos*. Jugar, es también, luchar y rebelarse contra cualquier tipo de condición opresiva que sea impuesta (y esto vale tanto, para un temor primario que aprisiona al cuerpo, como para el autoritarismo patriarcal y la mercantilización lúdica); pues mientras se juega, se ficcionaliza, se transforma la realidad. Jugar es uno de los modos en las infancias de ejercer la libertad.

Capítulo 9
La musicalidad del jugar en las infancias

Alejandra Giacobone | Musicoterapeuta

"Una doli tuá de lalimentuá, osofete colorete una doli tuá".

"La mar aŝaba sarana... sarana aŝaba la mar".

"...mantantirulirulá...".

Si *la vida sin música sería un error*[1], la infancia sin música sería una absoluta negación de existencia.

"Todos llevamos, a sabiendas o no, una jitanjàfora escondida como alondra en el pecho" dice Alfonso Reyes citado por Ivonne Bordeloisse (2003).

La injusticia del nombre "in-fante" se nos revela en el notable gusto e inspiración de los niños para interpretar la música de la lengua y jugarla en sus posibilidades más misteriosas. Sigue Ivonne diciéndonos que *"las rondas, adivinanzas, villancicos, trabalenguas, romances, coplas, representan caprichosas variaciones muchas veces originadas en la juguetona transmisión infantil".*

Explicar la *musicalidad* es una tarea compleja, pero en eso andamos algunos Musicoterapeutas desde hace unas décadas.

Las conceptualizaciones que venimos realizando, provienen del quehacer clínico. La práctica nos viene develando y revelando que la música, como manifestación humana, no es sin la musicalidad como condición de especie que habitamos, que nos trasciende, conformando y contorneando los modos de vincularnos, de movernos, de comunicarnos, de jugar.

---

1. Carta de Friedrich Nietzche a Peter Gast "La vida sin la música es sencillamente un error, una fatiga, un exilio" (1877).

"La potencia de la musicoterapia es su clínica, y desde esa potencia (potente y potencial) aporta un saber sobre los vínculos y unas ideas sobre la infancia, lo subjetivo y lo humano". (Giacobone, 2015a).

En el origen de las artes temporales, la música se despliega como manifestación de la cultura porque el proceso de humanización transcurre en la musicalidad que da forma, materia y envoltura al desarrollo emocional, comunicativo y lúdico.

Desde los primerísimos momentos en que existimos humanamente, diversos procesos se desencadenan en y por la trama vincular que posibilita la construcción subjetiva. La fonación deviene voz, el organismo deviene cuerpo, la visión se hace mirada y la audición se hace escucha, en la trama tejida durante los encuentros significativos.

Hay un recorrido que desde la perspectiva del vínculo temprano, nos permite saber que el ser humano adviene y deviene en el intercambio. Un intercambio que es a su vez una evolución de la intersensorialidad a la intersonoridad en la que el encuentro humano va tomando cuerpo y modalidad.

Desde un principio el lenguaje sonoro está involucrado en los intercambios subjetivantes. Los constituye, los conforma y los contornea. Es materia y envoltura.

Ubicando el vínculo temprano como el núcleo de las prácticas en primera infancia, es de vital importancia para la salud mental, promover y respetar el lenguaje sonoro musical que lo conforma.

Para continuar es preciso retomar uno de los planteos conceptuales que le fue dando consistencia a los desarrollos actuales: la necesidad de superar el modelo binario cuerpo-palabra descubriendo que *"la sonoridad es irreductible al cuerpo y la palabra, siendo el tramado gestual que enlaza"* (Giacobone, 2015b).

Aquí es donde la sonoridad cobra proporción en el pensar la constitución subjetiva y avanzamos en la comprensión de la musicalidad como andamiaje de la subjetividad.

El *Tono Maternes* (Licastro, 2012), la Intersonoridad (Giacobone y Lucastro, 2015), las cualidades sonoras de los intercambios, el desarrollo del lenguaje expresivo sonoromusical, componen un andamiaje para la comunicación y el juego, a partir de ubicar la musicalidad como materia y envoltura del vínculo.

Para que el jugar sea, vivenciaremos expresividad en vínculo porque jugar es con otro.

"Somos seres sociales por la voz y por medio de la voz. La voz parece estar en el eje de nuestros vínculos sociales, y las voces constituyen la textura misma de lo social, así como el núcleo íntimo de la subjetividad". (Mladen Dolar, 2007).

Audios 1 y 2
(Disponible en: https://germyd.wixsite.com/miradas-y-escuchas/cap9)

Los primeros encuentros significativos, ya poseen una performance cuya complejidad no conviene reducir a la mirada o el decir verbal. La experiencia que representa para el ser humano el encuentro en el *tono maternes*[2], pone en evidencia que la sonoridad teje enlaces entre el cuerpo y la palabra porque la musicalidad de esos modos de expresarse sostiene y contiene.

Considerando lo escuchable mucho más allá de lo audible, entendemos la *intersonoridad* como un proceso y organización vinculante que es cimiento y andamiaje del desarrollo de la comunicación.

En el *desarrollo expresivo sonoro musical humano*, prevalece el valor de la escucha de la sonoridad del infante en el encuentro con el referente vincular. Y desde una perspectiva modal y cualitativa es que se revisan las características de la oferta expresiva sonora del adulto al niño.

Naturalmente los adultos modifican su "modo de hablar" cuando está dirigido al bebé. La intensidad, el timbre, la altura tonal, la pronunciación, la entonación, cambian espontáneamente porque el significado (semántico) es secundario: el "como se dice" es más importante que "lo que se dice".

Entonces, la musicalidad es una condición de la especie, a diferencia de la música como rasgo de la cultura. Inicialmente considerada una habilidad innata para compartir tiempo de manera significativa con los demás, llegamos a pensarla como primordial al ir descubriendo empíricamente su función corporizante, comunicante, subjetivante y lúdica.

---

2. Lenguaje universal característico del modo de hablarle y cantarle a un bebé.

La entendemos como modo de ser y hacer con otros, materia y envoltura del proceso subjetivo. Presente en las características de toda producción expresiva: velocidad, intensidad, modulación, silencios y pausas, ritmo, tempo, melodía, motivo.

Volvamos a los inicios donde, lejos de una pura descarga, el llanto, grito, chasquido, ya portan un sentido para su emisor protagonista de la escena intersubjetiva. El niño, ya convocado por la musicalidad de la expresividad sonora materna, produce un grito o un llanto que emergen de sí mismo buscando que ese otro lo aloje, comprenda, interactúe, comparta, proteja y alivie. Así se humanizan mutuamente.

El sonido humano que es oído como descarga, está en la categoría de ruido para el oyente, y el ruido no es más que sonido no deseado. El sonido deseado transforma la audición en escucha.

Entendemos la entonación como proceso mediante el cual nuestra escucha ubica el tono del interlocutor para ajustar nuestra producción vocal tonal y viceversa. Modulación que navega entre la afinación y la desafinación, profundamente relacionada con los mecanismos fisiológicos de audiofonación y conformación del entonamiento afectivo.

Entonar es entonces parte del trabajo del vínculo.

¿Será que nos humanizamos musicalizándonos?

Podemos comprobar que en la primera infancia, en las prácticas de crianza, de educación temprana y de abordaje en salud, el componente musical ocupa en gran medida los modos de relación y juego.

Podemos apreciar que los movimientos, acciones y propuestas están hechas de patrones rítmicos, motivos melódicos, aceleraciones y desaceleraciones, aumentos y disminuciones de intensidad, entonaciones. Nos motiva la musicalidad y es encontrando motivos[3] que nos relacionamos lúdicamente *a tempo*[4].

Jugamos. Hacemos *como si*. Nos encontramos y nos desencontramos para reencontrarnos, recordarnos, evocarnos, recrear.

---

3. Motivo: causa, razón, rasgo característico que se repite, tema, elemento temático, intención voluntaria, con virtud para mover. RAE.

4. El tempo es la velocidad con la que se desarrolla un patrón rítmico, afectando la duración de la obra y/o secuencia, por lo que para estar "a tempo" se requiere un trabajo de escucha que no se agota en el ritmo.

Alternamos silencios que preceden, anticipan, originan los que siguen. ¿Podríamos pensar la musicalidad como un imprescindible para el despliegue lúdico?

Uuuuunooooo, doooos, yyyyyyyyyyy... ¡Tres!

De la intersensorialidad (relación basada en el equipamiento neurosensorial de los individuos involucrados en un contacto) a la intersonoridad (encuentro humano cuyas cualidades sonoras poseen rasgos y huellas de escucha sutil y significativa) hay un proceso subjetivante que da cuenta de una trama dialógica y lúdica, posibilitada por la musicalidad en la que se organizan y experimentan velocidades, duraciones, pausas, silencios, expresividades, mirada y escucha, movimientos y sonoridades: tramas de construcción de sentido del otro.

Jugar en casa, en la escuela, en el consultorio, en la plaza, no es sin musicalidad. Cantar, bailar, jugar. Se construyen en la trama que convoca el encuentro con los otros y su internalización.

¿Qué sería de nuestra forma de movernos, de hablar, sin la musicalidad que les da sentido? ¿Cuál sería la coreografía de nuestros modos de caminar, detenernos, apurarnos, lentificarnos, esperar, adoptar una postura y cambiarla, pasar de una posición a otra? ¿Cómo podríamos hablar en un armado entonacional que nos identifique en una lengua y en un contexto? ¿Cómo sabríamos cuando aumentar la intensidad o disminuirla, silenciarnos, decir algo rápidamente o hacerlo lentamente? ¿Cómo sería posible la entrada en el mundo de la comunicación y el vínculo que se arma en el maternés y se instala en la intersonoridad sin la musicalidad que configura el lenguaje de su existencia?

La musicalidad es una condición humana y la música es una necesidad.

La vida cotidiana de un niño debería estar hecha de música. ¿O ya lo está?

En la *progresión evolutiva de la experiencia lúdico sonoro musical* (Licastro, 2018) el niño pone a jugar los recursos expresivos con otro. Los elementos sonoros: pausa, alternancia y modulación van teniendo un sentido cuando transversalmente ritmo, melodía y tempo configuran el juego.

La capacidad de jugar se puede apreciar en el disponer de estos elementos: formas, distancias, trayectos, direcciones, desplazamientos, ausencias, presencias, ecos, repeticiones, recorridos, duraciones, dibujos sonoros. Motivos.

Cuando estos modos van constituyéndose en elaboraciones representacionales, los niños pueden desplegarse en el juego musical: cantar como parte de una secuencia donde por ejemplo, el texto se acerca y se aleja en el jugar con el contenido y la envoltura. Procesos de simbolización se activan.

El juego musical y la musicalidad del jugar en las prácticas y quehaceres

El juego en la música y la musicalidad del jugar nos presentan dos escenarios teóricos y éticos diferentes a la hora de pensar los quehaceres clínicos, terapéuticos y educativos. La música utilitaria a la que se apela habitualmente para que se despliegue el juego a diferencia de la imprescindible musicalidad que nos permite jugar.

Por ejemplo, cuando la música es utilitaria (Akoschky, 2017) puede favorecer un ordenamiento, una rutina, una adecuación, un sometimiento, una anulación del proyecto estético propio del jugar. Sin juego no hay arte. Sin creatividad no hay construcción lúdica.

El "uso" de la música para la propuesta lúdica: ¿Por qué? ¿Para qué y para quién? ¿Con qué criterio selectivo? ¿Posiblemente porque sin música no sabemos ni podemos jugar?

Pausa, alternancia y modulación son elementos lúdicos de la estructura musical. Transversalmente tempo, ritmo y melodía, construyen la estructura en el devenir temporal para que exista la comunicación y el juego. Hay elementos sonoromusicales que implican que se juegue o que no se juegue.

En 1982, el grupo de artistas y pedagogos que conformaron La Cornamusa (Corral, 1982), decían al respecto de la música y la literatura en la escuela:

"La música y la literatura tienen que lograr, todavía, su lugar en la escuela como fin en sí mismas y no solamente como medio para introducir conocimientos y condicionar actitudes. Muchas veces una canción rica y de múltiples posibilidades queda convertida en la canción 'de lavarse las manos', o un cuento, en el 'que sirve para enseñar onomatopeyas'. Se destaca así parte de la obra que resulta 'útil' para objetivos de muy corto alcance y se olvida la obra como tal. Frente a este problema, queremos destacar que hay siempre un objetivo prioritario en el trabajo con obras musicales o literarias: promover la percepción global del cuento o la canción. Permitir que se disfrute con ellos y contener y canalizar las emociones que puedan provocar en los niños".

Podemos agregar que el niño accede a la literatura por la musicalidad de su narración en las voces de sus seres afectivos.

"Todas las artes aspiran a la condición de la música"[5].

La escena lúdica se identifica por el disfrute en el crear con otro. Tema y variaciones. Representaciones producto de las experiencias hechas de vivencias significativas. Carga de sentido.
¿Es posible pensar el juego infantil sin música?

"La producción sonora del niño cuando juega se desenvuelve en una zona de *ensambles sonoros*, que permite la fluidez del vínculo en *una producción de relaciones sonoras*. En esa zona de ensamble, zona que enlaza y superpone texturas sonoras y vinculares se desarrolla el jugar". (Licastro, 2009).

¿Es posible el jugar sin la musicalidad que lo posibilita?

Estamos pensando la musicalidad primordial como función corporizante y lúdica, distinguiendo lo musical de lo musicalizante en el andamiaje subjetivo.
El núcleo estará situado en la musicalidad como condición de existencia del jugar. El jugar humano en las dimensiones del cuerpo, la sonoridad y la palabra.

Por todo esto es que en un abordaje musicoterapéutico lo que se pone en juego es la expresividad del niño que la despliega y del terapeuta que la aloja. Un terapeuta cuya principal herramienta es justamente la "escucha musicalizada" (Giacobone, 2015c) de esa expresividad que le impone un trabajo con su propia capa-

---

5. Walter Horatio Pater (Londres, Inglaterra, 1839 - Oxford, 1894) ensayista inglés, crítico literario, e historiador de arte.

cidad expresiva, creativa y lúdica. Trabajarse a sí mismo como instrumento de escucha, decimos.

¿A qué nos referimos con Musicalizar la escucha?

La clave no está en el sonido sino en la escucha.

Donar escucha. Es lo que hace un terapeuta. Alojar el decir para hacer de él un lenguaje. Estar dispuesto y disponible al jugar en el formato y configuración que el niño pone en escena, activando su expresividad y su propia capacidad de hacer juego.

En este posicionamiento musicoterapeutico, "la música" significa que no es posible pensar al sujeto por fuera de la musicalidad que lo constituye. No estamos usando la música como manifestación cultural, ni como estimulación de emociones ni como modeladora de conductas.

Articulación de continuidades y discontinuidades. Atención a las variables expresivas y las variantes emocionales que modulan el decir.

Escuchar en el decir es lo que hace un Musicoterapeuta.

¿Y el jugar del terapeuta?

El jugar en la práctica clínica en primera infancia exige una expresividad lúdica del adulto en el quehacer con niños pequeños.

La disponibilidad sonoro corporal de los que trabajan con niños es una responsabilidad ética. Trabajarse a sí mismo como instrumento de escucha y vaciarse de rigideces teóricas para dejarse jugar, requiere un buceo continuo en los propios recursos expresivos al servicio de un quehacer clínico donde el encuentro lúdico es la intervención, tarea y fin.

¿Y el lugar ofrecido para el jugar, hecho de tiempo y espacio? ¿Cuánto tiempo? ¿Qué espacio?

El espacio que se ofrece al jugar es un posibilitador de despliegue. ¿En qué lugar es recibido un niño pequeño para jugar?

¿Cómo se dispone el escenario terapéutico para un dispositivo vincular? ¿Cuál es la calidad del mobiliario y los materiales disponibles? ¿Cuál es la invitación material, corporal, sonora con la que convoco y convido?

¿Qué hacemos los terapeutas con la producción del paciente a partir de los materiales ofrecidos?

Estamos preguntándonos por los modos y cualidades para alojar o expulsar al niño de su capacidad lúdica.

Jugar se liga con la expresividad y la creatividad. Disfrutar del intercambio y construir algo nuevo y diferente con lo mismo de siempre. Repetición productiva: rasgo de identificación y novedad. El juego deviene en la repetición productiva como el cantar es tal en la producción que se diferencia de la reproducción.

Co construir el motivo rítmico melódico que sostiene el devenir lúdico, puede ser *la* intervención.

Fotos / Audios 3, 4, 6

(Disponible en: https://germyd.wixsite.com/miradas-y-escuchas/cap9)

"Experimentarse a sí mismo como ser expresivo y comunicativo" decíamos.

"Experimentarse lúdico" decimos.

Y este es un núcleo fundamental en la condición de posibilidad de la infancia: recuperar la dimensión de la experiencia lúdica por su condición de disfrute y construcción de subjetividad. Un rescate del disfrute por sobre el sometimiento al uso utilitario del juego para un objetivo funcional.

Revisando la forma musical de la existencia humana localizamos que la musicalidad nos preexiste. Venimos a habitarla en el proceso de humanización en el que nos subjetivamos.

Pierre Schaeffer[6] supone, en 1966, que el hombre de neandertal,

"al lado de un conjunto de actividades directamente orientadas hacia su propia supervivencia, también conoce otras: la emisión de gritos de amenaza, placer o de cólera, el placer de gritar a puro pulmón, el de golpear objetos, sin que nece-

---

6. Pierre Schaeffer (1910-1995), músico compositor francés, creador de la Música Concreta, autor del Tratado de los Objetos Musicales, 1966.

sariamente estén disociados el gesto y su efecto, la satisfacción de ejercer sus músculos y la de 'hacer ruido'. ¿Habrá que buscar en tales juegos que se perfeccionarían al mismo tiempo que se desarrollaban sus significaciones, el origen simultáneo de la danza, el canto y la música?... Solo quedan los objetos sonoros percibidos desinteresadamente y que 'saltan al oído' como algo totalmente inútil, cuya existencia, no obstante, se impone y basta para transformar al cocinero en músico experimental".

Somos seres expresivos, productores de discurso estético, hacedores lúdicos. Pues bien, para disfrutar y elaborar la existencia necesitamos:

- Cantar por cantar
- Bailar por bailar
- Jugar por jugar

Audio 5

(Disponible en: https://germyd.wixsite.com/miradas-y-escuchas/cap9)

Se pueden ver más contenidos audiovisuales a través del siguiente anexo digital

https://germyd.wixsite.com/miradas-y-escuchas/cap9

Capítulo 10
El juego y la psicoprofilaxis quirúrgica

Cristina Gay | Psicóloga

Escribir el capítulo de un libro dedicado al juego y a la prevención, al igual que ejercer una profesión que permite entender y acompañar a niños y adolescentes a crecer sanos y felices, es sin duda alguna un verdadero privilegio.

Este capítulo no pretende profundizar sobre la psicoprofilaxis quirúrgica sino simplemente incentivar la curiosidad y favorecer la comprensión de padres y profesionales en relación a la importancia del jugar en esa estrategia terapeútica.

La profundización la dejo para otros especialistas que han investigado particularmente el tema y cuyos escritos podrán encontrarse en la bibliografía.

Hoy en día, gracias a la infinidad de teorías, estamos en condiciones de comprender en profundidad al niño y su familia. Recién a partir del siglo XX los niños se volvieron motivo de atención por parte de los adultos, hasta el logro de ser tomados como sujetos y no objetos de Derecho.

Intentaré transmitir en estas páginas, a modo de resumen, las enseñanzas y los aprendizajes que pude almacenar durante mi permanencia en el Hospital de Niños "Ricardo Gutiérrez", desde 1975 hasta la actualidad, habiendo sido "mi querido hospital" uno de los pioneros en la práctica de la psicoprofilaxis quirúrgica en nuestro país. El profesional que introdujo la práctica de realizar entrevistas psicológicas a los pacientes que serían operados fue el

Dr. Florencio Escardó, de la misma manera en que consideró que la presencia de la madre junto al niño en la internación le daba contención afectiva y contribuía a su mejoría. Escardó era consciente de que la preparación psicológica de los pacientes para una operación contribuía a una mejor recuperación post operatoria.

Suele pensarse como inseparables al niño y el jugar a tal punto que la dificultad para jugar implica una severa perturbación emocional.

Este libro es expresión de todas las variables y sentidos desde los cuales se puede entender la actividad lúdica.

Para todos los profesionales que trabajamos con niños (maestros, psicopedagogos, psicólogos, fonoaudiólogos, etc.) el juego es la herramienta principal, junto con el dibujo, para el abordaje del infante. Afortunadamente, quedaron atrás las épocas en que se escuchaba decir *"a la escuela no se viene a jugar sino a estudiar"* identificando a la actividad sólo con diversión y distracción. Hoy en día, la pedagogía infantil no concibe que se pueda aprender sin jugar. El juego es una actividad natural del ser humano (inclusive de los animales superiores)[1]. El juego forma parte del comportamiento humano, de la cultura de cada sociedad, y ha estado presente a lo largo de toda la historia de la humanidad.

Los niños han jugado desde tiempos remotos (Platón y otros filósofos han escrito sobre ello)[2].

Jugar es un derecho de la infancia reconocido por la ONU desde 1959 en la Resolución Nro. 1386 de La Asamblea de las Naciones Unidas[3]. Hoy en día, investigaciones del campo de la Pediatría y la Psicología avalan la importancia del juego, que se utiliza como un certero indicador del estado de salud, porque requiere de una posición activa que promueve el establecimiento de las diferencias entre la realidad y la fantasía.

---

1. Como plantea Vygotsky en su teorización del juego en "El desarrollo de los procesos psicológicos superiores". https://saberespsi.files.wordpress.com/2016/09/vygostki-el-desarrollo-de-los-procesos-psicolc3b3gicos-superiores.pdf.

2. http://www.saavedrafajardo.org/Archivos/Antioquia/002/Antioquia-002-03.pdf https://es.slideshare.net/beatrizinfantil/el-juego-y-su-evolucin.

3. http://www.derechos.org.ve/pw/wp-content/uploads/derechos_nino.pdf.

El "*dale que*" o el "*como si*" posibilitan al niño, a representar a una persona, acción u objeto, y utilizar la ficción para obtener múltiples beneficios. Operar y curar a un oso de peluche es, por ejemplo, el modo de elaborar proyectando sobre el juguete lo que se imagina que el cirujano le va a hacer a él; tornando activo lo que él imagina o sabe que vivirá pasivamente. El oso lo representa a él el día de la intervención; pero ahora él puede ser también el doctor.

En el ser humano el juego estará presente a lo largo de toda la vida (juegos de azar, juegos de mesa, juegos sexuales, juegos deportivos, video juegos, etc.) pero es en la infancia cuando adquiere vital importancia[4].

A través de él, se incorporan y relacionan los conocimientos adquiridos con otros nuevos, dándose múltiples y variados procesos de aprendizaje individual. Es un medio educativo fundamental en el desarrollo cognitivo, social, emocional, y en particular en la formación de la personalidad. De este modo, el juego posibilita enriquecer la mente, estimular la fantasía, crear y recrear situaciones e intentar superar instancias generadoras de ansiedad, culpa y miedos. Dice Michel de Montaigne "los juegos infantiles, no son tales juegos, sino sus más serias actividades".

Al jugar, los individuos aprenden a comprender el mundo que los rodea y se vuelven capaces de actuar sobre él, descubriendo un sinfín de recursos. Estos posibilitan interpretar la realidad ensayando conductas sociales, asumiendo roles, aprendiendo reglas, regulando el comportamiento, exteriorizando pensamientos, descargando impulsos y dando sentido a las emociones[5].

Un niño que juega expresa su mundo interno: lo que le pasa, lo que siente y lo que piensa. Estas tres instancias van a ser las bases sobre las que se fundamentará el presente trabajo: el juego en la psicoprofilaxis quirúrgica en la infancia y en la adolescencia.

Vamos a definir el concepto de psicoprofilaxis quirúrgica infantil (PQ) como un *tratamiento psicoterapéutico preventivo, breve y focalizado, para aquellos que deban atravesar intervenciones quirúrgicas u odontológicas, estudios médicos complicados o trata-*

---

4. http://www.cocmed.sld.cu/no112/n112rev3.htm.

5. https://www.topia.com.ar/articulos/los-juegos-del-ni%C3%B1o-en-la-actualidad.

mientos complejos que impliquen procesos prolongados, dolorosos o que requieran internación.

La enfermedad tiene siempre un efecto desorganizador en el psiquismo infantil porque compromete marcadamente la vivencia corporal, y sobre todo porque está acompañada de efectos traumáticos para el niño y su familia. Todo niño que vivencie temor o ansiedad ante alguna enfermedad que requiera de maniobras médicas que involucren su cuerpo, seguramente presentará dificultades para poner en funcionamiento mecanismos defensivos adecuados que le permitan enfrentarlas.

Aliviar ansiedades y verbalizar fantasías ayudará a disminuir la condición de vulnerabilidad del paciente, así como facilitará la comprensión de la información dada por los profesionales, adaptada a la realidad del niño y de su familia. De este modo, se logrará disminuir el grado de morbilidad psicológica pre y post quirúrgica, y o estudio, y o tratamiento favoreciendo la recuperación del paciente en relación a su esquema e imagen corporal, reinserción social y vínculo con el equipo médico.

La PQ pretende promover una aproximación a la informacion acerca de los aspectos técnicos y particularidades del proceso en cuestión.

El desconocimiento por parte del niño y su familia, tanto de la enfermedad como de los procedimientos necesarios para su curación, incrementará el miedo a lo desconocido y generará como consecuencia pánico y rechazo a las intervenciones médicas. Inclusive puede provocar la postergación o negación de las mismas con el consiguiente riesgo y complicación para la salud del niño.

Favorecer el conocimiento generará un marco de contención para un mejor desarrollo del acto médico, así como se facilitará la recuperación en los momentos posteriores al mismo, posibilitando entre otras cosas disminuir el miedo, el dolor, la administración de analgésicos, reducir el tiempo de cicatrización e incluso hasta acortar el periodo de internación post intervención[6].

---

6. http://www.scielo.edu.uy/scielo.php?script=sci_arttext&pid =S1688-12492005000100006.

Los actos médico quirúrgicos, adecuadamente indicados post diagnóstico, implican siempre una acción reparadora necesaria para la cura, pero al mismo tiempo suelen ser agresivos, intrusivos, atroces y dolorosos (según los casos). A menudo se realizan además a pacientes que ya atravesaron estudios complejos, punciones, biopsias, etc.[7].

Los temores no están vinculados sólo con la realidad objetiva del procedimiento, sino también con las características de personalidad del paciente, con el momento evolutivo que atraviesa y con las ansiedades típicas de esa etapa (Ej.: fase edípica: castración). Además, influirá la connotación que el niño y la familia le dan a la enfermedad, y las experiencias previas que los involucrados han tenido, incluyéndose relatos o creencias populares.

La familia vivirá la experiencia como un riesgo para la vida, con incertidumbre e inseguridad relacionadas con la interpretación y el significado que cada una le da a esa dolencia, vivida como un hecho traumático.

Cuando hablamos de trauma psíquico nos referimos a un evento que implica una incorporación excesiva de estímulos internos y o externos que supera la capacidad de tolerar, procesar y o controlar psicológicamente la situación.

Cada niño y su familia reaccionan de diferente manera frente a iguales acontecimientos. Muchas veces se producen señales de alerta que impulsan el funcionamiento de mecanismos inadecuados y poco útiles que inundan al aparato psíquico de angustia y lo dejan sin recursos, constituyendo una situación traumática.

Si bien este capítulo está destinado al juego en la PQ de niños, cabe aclarar que esta intervención terapéutica no debería ser exclusiva de la infancia sino también sería de gran importancia en los adultos.

La PQ se incluye dentro de un verdadero programa de prevención para la salud mental en general. En la Argentina, la Sociedad Argentina de Pediatría ha elaborado un consenso que incluye la psicoprofilaxis como parte de la rutina prequirúrgica[8]. Posibilita

---

7. http://www.scielo.org.co/pdf/psych/v10n2/v10n2a07.pdf.

8. https://www.sap.org.ar/uploads/consensos/evaluaci-oacuten-y-preparaci-oacuten-prequir-uacutergica-en-pediatr-iacutea.pdf.

la detección de patologías previas o situaciones de riesgo con la consecuente derivación para su tratamiento[9].

Aclarado el concepto de *preventiva* de la definición, decimos que es *breve* ya que se trabaja con un número de sesiones determinadas (según cada caso), abarcando los tres momentos de la intervención: el antes (pre), el durante (intra) y el después (post). Por último, decimos que es *focalizada* porque apunta a trabajar específicamente sobre el abordaje de la situación para lograr la mejor resolución posible ante la amenaza vivenciada por la intervención médica y generándose recursos con los que se podrá contar en el futuro.

Para hacer posible que se elabore, transforme y dé un nuevo significado a la situación[10] potencialmente traumática, el proceso deberá comprender al niño, la familia y al equipo médico (pediatras, odontólogos, cirujanos, anestesiólogos, etc.) configurándose un verdadero trabajo interdisplinario.

Mencionaremos el caso de Joaquín de 12 años, que fue operado de fimosis (sin que medie PQ) y a partir de lo cual engordó 12 kilos en el término de 6 meses. Intervenido a una edad más avanzada de lo usual para estos casos, Joaquín vivenció la cirugía como castigo y ataque a sus impulsos sexuales y a la masturbación con la que comenzaba a explorar sus sensaciones. La gordura resultó ser un inadecuado recurso defensivo frente a esto, que lo llevó al aislamiento social, a sentirse rechazado por sus pares y con un cuerpo diferente al que siempre tuvo. Así, en lugar de una psicoterapia breve y focalizada, tuvo que iniciar una psicoterapia prolongada.

Sería bueno recordar que el cuerpo es centro de interés durante toda la infancia. Durante los dos primeros años de vida, el bebé explora y reconoce todo jugando con su cuerpo. Luego, llega la preocupación, interés y adquisición del control de esfínteres, y más tarde comienza a interesarse por los órganos geni-

---

9. La diputada Carolina Estebarena encabezo el Acto en el Salón Montevideo de la Legislatura Porteña donde se declaró de interés el libro "Psicoprofilaxis Quirúrgica en la Infancia, IV relatos clínicos" por Griselda Vazquez y Clauda Marcovich (http://algopasabuenosaires.com.ar/ninos-psicoprofilaxis-quirurgica/).

10. https://www.topia.com.ar/articulos/el-psicoanalista-trabaja-en-equipo.

tales y las diferencias sexuales anatómicas, disfrutan tocándose, explorando sensaciones, disfrazándose, maquillándose, etc.

A muchos padres les cuesta aceptar estos juegos como algo esperable y natural dentro del desarrollo evolutivo: no entienden que sus hijos no sientan vergüenza ni se angustien y los retan e incluso los humillan sin darse cuenta, acusándolos de "chanchos", "cochinos", "sucios", etc.

El juego frecuente con los genitales que se extiende hasta alrededor de los pasados 6 años, algunos niños lo utilizan para calmarse por medio de la búsqueda del placer y lo hacen durante el baño, la siesta, o por la noche para ayudarse a dormir. Si estas conductas se realizan con mucha frecuencia y en público, conviene recordarle al hijo que puede hacerlo en la intimidad e incluso sugerirle lugares o momentos para ello. La noción de intimidad puede ser incorporada recién a partir de los 3 o 4 años y llevará mucho tiempo: habrá que insistir hasta que aprenda la diferencia entre lo íntimo y lo público. En cambio, si lo hacen en privado no se debe intervenir dado que es lo esperado. Si lo hiciéramos, probablemente se contribuiría a la repetición y al reforzamiento de esa conducta.

No sólo es tocarse, también acontece el preguntar: entre los 3 y los 6 años la curiosidad en relación al tema es enorme. Comienzan a cuestionarse las diferencias sexuales anatómicas, cómo nacen los bebés, por dónde salen y cómo entran. Les llaman la atención las diferencias y características del cuerpo de ellos en relación al de los adultos.

Si un niño no pregunta nada es porque ha percibido en los adultos alguna dificultad. Esta puede pasar por no encontrar un ambiente favorable para el diálogo en casa, porque no siente la confianza suficiente y teme ser retado porque se le ha contestado evidenciándonos *incómodos* en alguna otra oportunidad, evitando con algún pretexto responder, o porque intuye que se le ocultan cuestiones relacionadas con su vida, etc.

A esta misma edad aparece el juego del doctor como una manera *permitida* de explorar además de su cuerpo, el de los otros. Cali, una paciente de 5 años, refería en sus sesiones que a ella le gustaba jugar al doctor porque era el único juego en que su mamá y su papá le habían enseñado en su casa que podía tocar su cuerpo. Asumir esos roles de paciente y doctor era el pretexto para tocarse con su amiga de igual edad.

Hoy en día se denuncian casos de abusos de menores a otros menores de la misma edad. ¿Por dónde pasa el delgado hilo de la diferencia con un juego? En el caso de abuso sexual de un menor a otro, la enorme diferencia va a estar dada porque el niño en cuestión (supuesto abusador) tendrá como objetivo la estimulación sexual incluyendo el orgasmo (según la edad), en lugar de un juego consensuado por una simple curiosidad anatómica.

En estas etapas, este juego (el del doctor) debe ser voluntario y con niños con igual desarrollo emocional y comprensión de lo que están haciendo y no con sometimiento ni amenaza.

A pesar de que muchos padres se incomodan frente a este juego, es bueno aclararles que es una muy buena oportunidad para enseñarles a sus hijos sobre las diferencias de los cuerpos, la gestación, el concepto de intimidad personal y, por sobre todo, el respeto por su cuerpo y el de los demás.

Alrededor de los 9 y 10 años, aparece en el juego una manera más disimulada de tocar a los demás y disfrutar de ello pero sin culpa (ejemplo, el gallito ciego, la mancha, el poliladron, el cuarto oscuro, el semáforo, la botellita, etc.).

Pablo, de 11 años, contaba que en su colegio, en el recreo jugaban al gallito ciego porque al agarrar al compañero y/o compañera se tocaban y *nadie podía decir nada porque no veían, entonces tocaran lo que tocaran no era culpa de ellos.*

Hemos señalado en las primeras líneas de este capítulo cómo el juego y el dibujo son recursos útiles para el abordaje psicoterapeútico de la PQ.

A lo largo de la infancia, el dibujo evolucionará desde el garabato a la representación de la realidad, y que al igual que el juego, éste irá transformándose en forma continua y acorde a su desarrollo, siendo ambos modos de expresión característicos y de ahí el alto valor diagnóstico de las técnicas lúdicas y gráficas.

Los niños y adolescentes tienen su aparato psíquico en pleno proceso de estructuración, esto nos permite un mejor pronóstico en cuanto a las intervenciones terapéuticas en el momento apropiado, a diferencia del adulto, que debería haber finalizado dicho proceso alcanzando una relativa estabilidad.

Un adecuado diagnóstico situacional y psicológico es fundamental para precisar si el niño próximo a ser intervenido se encuentra en condiciones emocionales apropiadas para afrontar el acto médico, atravesando saludablemente una crisis vital (por lo tanto, pasajera acorde a las circunstancias), o si en su defecto padece de una patología ya instalada en la infancia. Esto permitirá poder sugerir o formular recomendaciones al equipo médico e inclusive postergar la intervención (en caso de ser posible) para iniciar un proceso terapéutico a fin de evitar eventuales complicaciones.

Tal fue el caso de Celeste, de 7 años, con residencia en el interior, que iba a ser intervenida en el Hospital de Niños por un equipo médico constituído por neurocirujano, cirujano general, traumatólogos, etc., por un Síndrome de Crouzon (rara enfermedad genética que se caracteriza por malformaciones de cráneo y cara) que había sido derivada para PQ y presentaba un cuadro de mutismo selectivo. La cirugía era reparadora y estética requiriendo más de 15 horas de quirófano y varios días de terapia intensiva. Se evaluó con el equipo y la familia el riesgo emocional que implicaba para una niña que no hablaba con extraños permanecer en terapia intensiva (al principio atada para no tocar la reconstrucción de su nariz, ojos, etc.). Se sugirió iniciar psicoterapia individual con el fin de que la niña pudiera hablar y pedir ayuda si lo necesitase, para luego realizar el PQ. Cabe destacar que no se trataba de una cirugía urgente y que era posible una postergación para que la niña pudiera salir de su mutismo y transitar su operación sin complicaciones.

Al poder todo el equipo interviniente y la familia, hablar sobre la relación costo-beneficio de la propuesta terapéutica, se pudo elegir la mejor estrategia posible, que fue postergar la cirugía hasta el momento más adecuado para la salud psíquica de la niña (esta se realizó con éxito 15 meses después). En este caso particular, el post quirúrgico revestía vital importancia ya que iba a ser después de la cirugía cuando Celeste procesara y elaborara la intervención con un increíble cambio de su imagen corporal además de funcionalidad (por su hipertelorismo).

Los padres de la niña que al principio se sintieron impotentes frente a la posibilidad de postergar la cirugía y tener que mudarse del interior a Buenos Aires, pudieron comprender y acompañar la propuesta surgida de la derivación a PQ y entender lo que representaría para ella estar sola en una terapia intensiva sin poder hablar y comprender que el mutismo selectivo era un síntoma, que debía resolverse antes de la cirugía.

Cuando la cirugía no reviste tanto riesgo y/o gravedad, por ejemplo en cirugías o maniobras ambulatorias, los padres al tener que regresar por indicación médica a sus hogares presentan sentimientos de excesiva responsabilidad por el cuidado del niño y gran inseguridad al no sentirse capaces de brindarle a su hijo todo lo que ellos sienten que necesita.

Al no comprender o conocer los procedimientos médicos y sus consecuencias, los padres no se sienten contenidos ni familiarizados con el entorno hospitalario. El desconocimiento sobre la enfermedad y su posible tratamiento y pronóstico, incrementa el estrés. Los familiares siempre deben ser partícipes y tener un espacio de contención y escucha, donde ellos también puedan elaborar sus temores y ansiedades.

Cuanto menor edad tienen los niños, más activo deberá ser el rol de los padres en la PQ, para poder proporcionar seguridad y serenidad, contener y acompañar.

En la adolescencia es también importante incluir a otros familiares (ejemplo hermanos) o a quienes el joven desee (muchas veces los adolescentes piden incluir amigos u otros adultos cercanos que acompañen).

En las últimas décadas, se ha incrementado el uso del juego terapéutico como recurso para ayudar a los niños y ya no es exclusivo del psicoanálisis.

El juego y el dibujo como modo de expresión de conflictos y temores le permiten al niño representar la situación traumática de la intervención, transformándola y otorgándole sus propios significados.

Podrá interactuar de manera activa y no pasiva en los procedimientos médicos, otorgándoles a los muñecos, peluches u otros elementos de juego, sentimientos angustiosos y penosos que lo preocupan, miedos universales, algunos guardados y otros manifiestos. Esos miedos están relacionados con el dolor, a no despertarse de la anestesia y a la muerte. También sienten temor a separarse de sus padres, a ser abandonados, a que la operación sea un castigo a malos actos o pensamientos, a perder partes de su cuerpo, a que los doctores se equivoquen y les saquen algún órgano, a perder la memoria, a los pinchazos o curaciones posteriores, etc.

En los púberes se incrementan las ansiedades relacionadas con su cuerpo desnudo y la falta de control sobre lo que pasará durante la anestesia. Un paciente púber que estaba por operarse de apéndice, verbalizaba en sesión "...No entienden que voy a perder un órgano y me dicen que no sirve para nada pero por algo lo tenemos".

En el Hospital de Niños Ricardo Gutiérrez (HNRG) pionero en la implementación y práctica de PQ, esta especialidad ha ido evolucionando, valiéndose de diferentes recursos y materiales. En los inicios, durante los años setenta, se le presentaba al paciente un álbum de fotos; éstas representaban en forma secuencial los distintos lugares del hospital, las diferentes instancias por las que el niño debería pasar, al igual que las situaciones quirúrgicas en sí mismas, incluido el despertar de la anestesia. Una niña de 4 años protagonizaba las fotos que estaban acompañadas de breves relatos escritos a máquina a modo de cuento.

En 1995 con el avance tecnológico, parte del equipo del Área de Interconsulta constituído por las doctoras Valentina Esrubilsky y Nuria Stepansky y el Lic. Marcelo Silberkasten deciden filmar para video en VHS una película cuyos protagonistas eran la Lic. Susana Toporosi (del mismo equipo) y su hijo, dramatizando madre y paciente respectivamente frente al PQ. Esto representó además de un gran esfuerzo para su realización, un enorme avance ya que facilitó la implementación del proceso en un dispositivo grupal y no solo individual.

En la actualidad, esa misma película, en formato digital se utiliza en una sesión grupal de aproximadamente 90 minutos (dependiendo del número de participantes). Este espacio está a cargo de la Lic. Mónica García Barthe. Es una actividad (de Interconsulta) a la cual concurren todos los pacientes derivados por médicos y/o cirujanos del Hospital. Participan de la reunión tambien todos aquellos acompañantes al niño-niña o adolescente, ya que se da por entendido, que si están acompañando, están involucrados en la situación (pueden concurrir padres, hermanos, abuelos, tíos, etc.).

La PQ en el HNRG es una actividad que depende del Área de Interconsulta pero además del Área de Sala de Juegos. Esta última está especialmente dedicada al trabajo con pacientes onco-hematológicos y oncológicos, que por su patología permanecen internados por diferentes y a veces prolongados períodos de tiempo[11].

En relación a los casos que requieren un trabajo individual participan de éste tanto profesionales de staff como residentes y concurrentes de la Unidad.

Con respecto a la PQ individual, de niños y adolescentes tanto en los hospitales como la consulta en privado, casi todos los terapeutas, independientemente de la línea con la que se identifiquen, utilizan el juego y el dibujo como recurso terapéutico para la expresión de fantasías, ansiedades, temores, deseos, etc.

En una caja de juego para una PQ siempre deberá incluirse material alusivo al proceso (juguetes relacionados con el acto médico, odontológico o quirúrgico).

Cada profesional, de acuerdo a sus posibilidades, experiencia y formación, elegirá los elementos que constituirán la caja terapéutica.

Se podrá variar desde una caja tradicional a la que se agregarán elementos del juego del doctor, plastilina roja (por la sangre) y de otro color, vendas, frasquitos de remedios vacíos, un muñeco o peluche, etc., hasta un hospital y/o un quirófano de juguete. No deberá faltar material escolar para dibujar y esa caja será utilizada durante la PQ exclusivamente por ese niño.

En los hospitales en general, el proceso individual se utiliza frente a situaciones puntuales (ejemplo, amputaciones, cirugías cardiológicas, etc.). A nivel privado, no importa de qué cirugía se trate, sino el proceso terapéutico en sí frente al pre y el post quirúrgico.

Algunos profesionales utilizan libros de cuentos para ayudar a introducir la temática.

---

11. Esta área evolucionó desde 1981 a cargo de la Lic. Silvia Villanueva, también se ocupan de otros pacientes internados en el hospital que no necesariamente requieren de una psicoprofilaxis quirúrgica.

A continuación relataremos dos casos clínicos con muy diferente abordaje, pero donde el juego y el dibujo fueron los medios para la PQ.

Caso Nro. 1

La paciente, a quien llamaremos Alma, tiene 7 años y 4 meses y debería ser intervenida quirúrgicamente de un quiste en el riñón izquierdo. Venía padeciendo infecciones urinarias a repetición desde hacía 3 años aproximadamente. Al realizársele estudios, se descubrió que tenía un solo riñón, el que debería ser intervenido. Se recibió la derivación por parte del nefrólogo, también cirujano a cargo, solicitando acompañar a los padres y a la niña para la cirugía dada la historia familiar.

Alma es actualmente la única hija de un matrimonio joven, que perdió en un accidente de tránsito junto a los abuelos paternos (que sobrevivieron) a Clara, cuando tenía dos años y tres meses. En ese momento, Alma tenía 4 meses y fue muy difícil para la pareja procesar el fallecimiento, habiéndose generado incluso conflictos de familia relacionados a la culpabilidad por el accidente. Afrontar la cirugía de Alma, una anestesia general, un quiste en el único riñón, etc., generó intensas ansiedades y manifiestos temores relacionados a la "posible muerte" de la niña. Dadas las características del caso, se decidió trabajar con los padres (en orientación) y la niña pero por separado. Alma sabía del fallecimiento de su hermana, y la "conocía" por fotos y videos que le habían mostrado con mucha insistencia. Además de la PQ, fue necesario trabajar varias sesiones con los padres el duelo no resuelto e indicar la postergación por un mes de la cirugía, dado que con 4 o 5 sesiones no iba a alcanzar.

A continuación se relatará una viñeta. (3ra. sesión con Alma).

Alma (A): ¿Te conté que yo tenía una hermana que está muertita?

Terapeuta (T): Sí, me lo contaste la sesión pasada pero parece que es un tema del cual tenés ganas de hablar.

A: Mis papás piensan que yo me voy a morir como ella y yo les digo que no, ¡no me voy a ir al cielo!

T: Papá y mamá están preocupados por tu operación, como todas las personas grandes y chicas frente a una operación. ¿Vos conocés a otros que se hayan operado?

A: Sí!! Una amiga mía le arrancaron las "*amidalas*" pero tenía dos.

T: Deben ser las amígdalas, me decís que eran dos porque en general tenemos dos, como también dos riñones, pero vos sabés que tenés uno solo.

A: Yo pienso que a lo mejor a mí me lo arrancaron y mis papás no se dieron cuenta.

T: A tu amiga los doctores la habrán operado y sacado las amígdalas porque era necesario por su salud. ¿Qué te dijo ella de su operación?

A: Que comió helado, mucho mucho helado y no le dolió.

T: ¿Y a vos te dolerá la operación? ¿Podrás comer helado? ¿Qué pasará después que te operen?

A: Vos me contaste que me van a dar un "*perfumito*" y me voy a dormir con papá, mamá y que cuando me despierte van a estar conmigo.

T: También te dije que al principio vas a estar con un suero en el bracito como lo hablamos la sesión anterior, porque no vas a poder comer ni tomar agua, vas a estar molesta y dolorida pero que los doctores van a hacer todo, para que te duela lo menos posible.

A: ¿Vos decís que Jorge (*el nefrólogo*) me va a cuidar bien?

T: Seguramente lo va a hacer como lo hace siempre con todos los nenes que opera.

A: ¿Vos conocés a otros nenes que operó?

T: Sí, conozco a varios nenes.

A: ¿Y a mi hermana "muertita" por qué no la cuido? (*Abre la caja de juegos y saca los marcadores y una hoja y comienza a dibujar espontáneamente*).

T: Jorge no operó a tu hermana. ¡Qué difícil debe ser confiar en los doctores cuando a tu hermana no la pudieron ayudar!

A: ¡Sí, sí!

T: Clara tuvo un accidente en un auto, y cuando la llevaron al hospital, ella ya no podía recibir ayuda.

A: ¿Ella no estará enojada conmigo y me querrá llevar con ella?

T: Las personas grandes o chicas, cuando se mueren, no están más, no hablan, no caminan, no piensan y tampoco se enojan.

A: A mí me dijeron que "me mira desde una estrella" (*continúa dibujando*).

T: Seguramente te dijeron eso para que la recuerdes pero no te puede ver desde ningún lado porque ya no está más. Muchas veces las personas grandes les decimos a los chicos cosas pensando que los tranquilizamos, pero sin querer a veces los preocupamos.

A: Vos no me asustás, me gusta venir y te conozco hace poquito.

T: Debe ser difícil pensar que tu hermana te mira desde el cielo como si te estuviera controlando.

A: Sí, y si me portó mal me puede llevar con ella.

T: Alma, Clara está en el recuerdo de papá, de mamá y para vos en fotos y videos. Lo que era su cuerpito está en el cementerio, donde se lleva a los que mueren.

A: Sí!! Como en los dibujitos, con cruces. Yo fui a ver a mi hermana.

T: No, Alma, fuiste a ver el lugar donde llevaron el cuerpito de tu hermana. A ella sólo podés verla en fotos, videos, podés hablar de ella, imaginártela, podés hacer lo que quieras con su recuerdo pero ella no puede hacer nada porque ya no está ni va a estar.

A: ¿Entonces no me robó mi riñón ni me enfermé mi pis por ella?

T: No, Alma, a vos te falta un riñón como a otras personas les puede faltar ese órgano u otro. Ella no se llevó nada, naciste así.

A: ¡Claro! Yo ya estaba cuando ella se murió (*comienza a dibujar con mayor intensidad el cielo entre la nube y la nena dibujada*).

T: Sí, Alma, vos tenías cuatro meses. Dentro de un ratito vamos a terminar por hoy. Me parece que fue una sesión muy importante porque me pudiste contar que pensabas que Clara estaba enojada con vos...

A: No puede enojarse, vos tenés razón, ya no está más y tampoco creo que esté en el cielo.

T: Está en el pensamiento y el recuerdo de todos los que la conocieron.

A: ¿Podés estar conmigo cuando me den el "*perfumito*"?, porque me parece que mami y papi no me pueden cuidar muy bien porque están muy tristes y a veces me dicen cosas mal.

T: Sí, voy a estar con vos cuando te duerman y es verdad que mamá y papá están muy tristes y a veces…

A: ¿Y por eso vos estás con ellos los martes?

T: Sí, por eso también los veo a ellos. Te quieren mucho y están haciendo todo lo mejor para ayudarte.

A: ¡Tienen susto! Yo tenía mucho pero ahora menos. ¿Te gusta mi dibujo? ¿Está lindo?

T: Lo que importa es que con tu dibujo pudiste mostrar todo lo que hablamos hoy. Vamos a guardar.

A: ¿Mañana vengo?

T: Mañana no, pasado.

A: Le voy a decir a mami y papi que mi hermana no me mira. La miro yo en fotos, ¿puedo?

T: Sí, podés y para ellos va a ser importante saber que ahora tenés un poquito menos…

A: De miedo…

Caso Nro. 2

A diferencia del caso anterior, donde se pudo postergar la cirugía por razones altamente significativas desde el punto de vista familiar, este caso es el otro extremo, ya que fue necesario realizar una PQ en sólo dos sesiones antes de la intervención. Luego de la misma, se trabajó en el post quirúrgico más tiempo de lo habitual. La presentación de este caso corresponde a quien llamaremos Damián de 9 años y 7 meses que es el mayor de tres hermanos, hijos del matrimonio constituido por Mariela y Claudio. Los padres llegaron a la consulta por demanda espontánea, debido a cambios de conducta de Damián en los últimos meses; comenzó a oler los objetos y acercárselos mucho para mirarlos, a tocarse los genitales, pero fundamentalmente a quejarse de dolores de cabeza. Ha sido siempre tranquilo, obediente y muy buen alumno pero ahora está ansioso, inquieto, malhumorado y desprolijo. No refieren ningún cambio significativo reciente en la familia. Dadas las características del caso, y de no haber evidencias de ningún indicador emocional previo como antecedente de lo descripto, se solicitó a los padres hablar con la pediatra (que lo atiende desde que nació) para pedir una derivación a un neurólogo infantil. Aceptaron de buen grado y solicitaron que la terapeuta se comunique con ella. De la conversación con la médica se desprende que no estaba de acuerdo con la derivación, que conocía al niño desde siempre y que en tal caso, la derivación la haga la psicóloga. Se informa a los padres lo acontecido y piden recomendación de un profesional. Se decide conocer a Damián recién después de la evaluación neurológica. Tres días después se recibe un llamado del padre diciendo:

> "Tenías razón, Damián se descompuso con vómitos en chorros en un cumpleaños, está internado, le hicieron una resonancia magnética y tiene un tumor cerebral supraselar[12]. Hay que operarlo de urgencia, necesito un neurocirujano, por favor te lo pido".

Habiéndose realizado los contactos, se establece la cirugía para 48 hs después en otro nosocomio. Para esta PQ, había menos de dos días para trabajar con un niño que no conocía a la terapeuta, una cirugía que implicaba trepanación de cráneo, pelarlo, más de 50 puntos de sutura, despertar en terapia intensiva, evaluar qué había comprendido de lo que los médicos le habían explicado que le pasaba, etc. Al llegar a la habitación, la terapeuta lo vio acostado con un camisolín abrazando a un dinosaurio de peluche, que había sido traído por sus padres (su muñeco preferido). Después de la presentación y de decirle para qué venía, se le preguntó si estaba de acuerdo con que su dinosaurio (Pachu) los ayudara y acompañe para hablar de lo que iba a pasar antes, en medio y después de su cirugía. Respondió: "Pero vas a tener que traer una tijera, aguja, hilo, curitas, y muchas cosas más para coserlo" (ya había sido informado por el cirujano). La terapeuta le dijo: "Yo me voy a encargar de lo necesario, lo vamos a poner en una caja, y vos te vas a encargar de Pachu". Fueron sólo dos sesiones en las que acostando al muñeco, descosiéndolo, poniéndole masa roja, volviéndolo a coser, vendándolo, etc., se trabajaron las ansiedades de Damián ante la operación.

---

12. Informe RM: "Lesión ocupante de espacio que compromete a la región supraselar y se extiende hacia la región insular y fronto temporal izquierdo".

Las fotos (disponibles en formato digital) sirven como muestra de lo trabajado, intentando cubrir la mayor cantidad de temas posibles (pudiéndose observar la masa roja como sangre, la venda en la cabeza de Pachu, etc., anticipándose a situaciones que el niño debería pasar).

Damián fue anestesiado junto a sus padres, a Pachu, a su almohada personal "para dormirme tranquilo y despertarme igual" y la terapeuta. La cirugía duró 8 horas y al día siguiente en terapia intensiva, al ir a verlo, le dijo a la terapeuta: "Todo todo lo que me dijiste fue genial, pero te olvidaste de contarme que me iban a poner una sonda en el pito para hacer pis, pero no me dolió...", ella le respondió: "Es verdad me olvidé...". "Vos pensaste en mi operación, pero mi pito también es mío...", concluyó Damián.

Hoy Damián se encuentra bien, con controles de resonancia magnética cada 6 meses, disfrutando pero sabiendo que es posible que alguna vez lo tengan que volver a operar.

Vaya el agradecimiento para los pacientes y a sus padres que autorizaron (a pesar del secreto profesional) a la publicación de las historias con el convencimiento de que así se puede ayudar a otros chicos y sus papás.

Se pueden ver más contenidos audiovisuales a través del siguiente anexo digital

https://germyd.wixsite.com/miradas-y-escuchas/cap10

Capítulo 11
Perspectiva psicoanalítica sobre el juego

Marisa Factorovich | Psicóloga

La pregunta por la importancia del juego en la infancia y en especial en la clínica con niños, nos parece fundamental y aún vigente. No todas las épocas tomaron al juego como desde la modernidad sucedió, y tampoco todos los tratamientos con niños operan desde el juego. Pensamos que quienes trabajamos con chicos desde distintas perspectivas, tenemos una idea de qué es la infancia. Creemos entonces necesario poder dar cuenta de qué idea o concepto de niño subyace en nuestra práctica. En nuestro caso, partimos de pensar infancia y juego como dos conceptos articulados y mutuamente necesarios.

Aquello que constituye la prehistoria del sujeto, sus vivencias de la primera infancia, caen en la amnesia infantil, en su gran mayoría. Pueden quedar en tal caso imágenes de su majestad el bebé que fuimos, y relatos, algo aislados, recuerdos encubridores dirá Freud. Marcas, huellas de los primeros tiempos subjetivos, lo originario, aquello factible de ser nombrado en una construcción. Primera infancia, infancia primera; dando lugar a la que vendrá segundamente, seguidamente. Siendo el infans aquel que no habla, que no accedió a la palabra, será hablado y relatado por su entorno.

Que quedan en la amnesia quiere decir entonces que las primeras vivencias y sus goces primarios sufren un proceso de represión.

Del mismo modo la infancia toda, históricamente, había quedado en la amnesia, reprimida, ¿olvidada? y poco y nada sabíamos de las prácticas que histórica y culturalmente se llevaban a cabo con los niños, así como tampoco qué lugar tenía la infancia y qué significaciones portaban los chicos. Hasta que historiadores como los de la escuela de Phillipe Aries, o de Lloyd de Mausse, y otros, publicaron sus investigaciones, de modo que las infancias tuvieron su lugar en la bibliografía, y una explicación, constatando que la idea de niño es una construcción que se modifica históricamente. Así pudimos saber del lugar de objeto que los chicos ocupaban, en una reacción de inversión como es denominada por Lloyd de Mausse, donde ellos quedaban sosteniendo a los adultos, desde los trabajos que realizaban hasta el sostén simbólico y psíquico de su entorno. Todo tipo de fantasías y significaciones eran proyectadas en los niños. Eran considerados santos pero también demonios, eran amados y temidos. Todas las prácticas que nos son relatadas en relación a la higiene y la disciplina, hacían un uso de lo que hoy consideramos abusivo e invasivo y hasta agresivo del cuerpo de los niños. Podemos respondernos leyendo la Historia de la Infancia, qué sucede cuando un adulto y un niño están juntos, pensando en las coordenadas del deseo y la demanda. En cualquier época.

Ser objeto del otro, es el modo de entrada en la estructura, en tal caso se tratará de no quedar en esa única posición. Lacan pensó alienación-separación, como dos operaciones continuas en el camino de la subjetivación. La posición objetal de los niños lo es en relación a deseos y satisfacciones parentales y estos deseos y satisfacciones son sexuales. La niñez implica una protección en relación a ciertos goces de los adultos y se contará con estas mediaciones de todo tipo según la idea de infancia que cada cultura posea. Del mismo modo, cada adulto, cada familia, posee un concepto, un valor de infancia inconsciente que regula los intercambios entorpeciendo o facilitando los procesos de subjetivación.

Los infantes, cuando se les permite y favorece, construyen una enorme epopeya lúdica, a lo largo de toda la infancia tramitando y jugando sus deseos. Epopeya lúdica, ya que el pasatiempo o actividad favorita de los niños tal como Freud nos lo transmitió, es el juego. De modo tal que es el mismo juego el que opera como protección y sostén de los deseos.

En el Antiguo Régimen el juego era considerado peligroso ya que estaba ubicado como ocio, la idea era que de allí nada bueno podía salir, por lo tanto no se les permitía a los chicos jugar. Nos resulta casi imposible en cualquier circunstancia, imaginarnos que un niño no juegue.

Que un sujeto sea reconocido como niño

Tomamos textualmente del decir de Jorge Fukelman (2015): "yo pienso que el juego precede al niño... del mismo [modo] que puede decirse [d]el lenguaje, la lengua precede al sujeto". Esta afirmación tiene importantes y diversas consecuencias. Desarrollaremos algunas de ellas.

Juego y niñez son entonces dos categorías que se articulan y se incluyen, van juntas. Desde aquí, no podemos pensar en un niño que no juega, aun en los niños llamados clínicamente, difíciles o graves. Si es niño, eso es porque existe una dimensión de juego que lo sostiene como tal. También, como mencionamos antes, que lo protege en su ser niño. Que lo ubica como sujeto niño para sí mismo.

El juego, nos dirá Jorge Fukelman también, es un espejo en el cual el niño se mira y se reconoce como tal. Está en juego entonces el reconocimiento, y la identificación. Este reconocimiento que se da para el niño en el hecho de jugar, implica también a los adultos de su entorno. Ya que, que algo sea juego o no lo sea, es una sanción o atribución que viene del Otro. Un juego puede no ser entendido y sancionado como tal y entonces interrumpido, o incluso prohibido. En tanto esto fuera así, en ese punto, el niño dejaría de ser reconocido como niño. Expulsado de su lugar.

Reconocer que algo es juego, implica también que algo no lo es. Que algo queda fuera del juego o que con eso no se juega. Eso que queda por fuera, permite el armado del espacio de juego.

Un chico que es reconocido como tal porque juega, realiza sus deseos en sus juegos, todos los niños, según Freud, realizan en sus juegos el deseo de ser grandes. Los adultos hablan una lengua, los niños otra, ya lo teorizó Ferenczi (1932). También nos dijo que esos lenguajes se confunden a veces. Diferencia así claramente lo que él denominó el lenguaje de la pasión en los adultos, y el lenguaje de la ternura en la infancia.

Algunos adultos parecen haber olvidado ese lenguaje lúdico en el cual tramitaban sus deseos de niños o sea de jugando. Capaz que por eso malinterpretan, a veces, las acciones de los chicos, o sea sus juegos, y los leen en clave de peligro o de sexualidad, confundiendo así los lenguajes. Desencuentros.

Un juego de ser grande es un "dale que éramos..." pero implica que no lo somos, aunque alguna vez lo fuimos. Idealizaciones puestas en juego en los juegos de la infancia.

De las faltas a los objetos infantiles

El juego posibilita que los significantes atinentes al discurso parental, que afectan el cuerpo del niño, circulen, se pongan en juego, pero para ello es menester que algo falte. De modo tal que aquello que de los padres afectaba directamente al niño, se inscriba de un modo simbólico en el juego. Se transfiera a los objetos del juego y al juego y no lo porte el niño en su cuerpo.

Ya dijimos que no todo entra en el juego; para que el juego sea, algunas cuestiones deben quedar afuera. El juego arma un adentro y un afuera. Todo aquello que atañe a lo real debe quedar fuera para que se pueda jugar, en tanto muerte y sexualidad. Esto que queda en falta en el juego, por fuera del mismo, suponemos quedará a cargo de los adultos.

El juego funciona como velo, como pantalla frente a lo real. Es pantalla ante el goce parental. Esta pantalla sufre fisuras, desgarros. Aquello que debía quedar fuera, hace síntoma en el niño, entra en su escena lúdica interrumpiéndola y angustiándolo.

El juego arma un espacio que tiene un adentro y un afuera. Estamos diciendo que el juego tiene un marco que lo delimita. Reconocer que algo es juego, es enmarcarlo. El juego ubica un marco, un límite, una diferencia. Jorge Fukelman (2015) nos dice que "llamaremos padre a aquello que produzca esa diferencia". Podemos pensar si el analista cuando reconoce el juego de aquello que no lo es, y lo recorta como tal, estaría ubicado en una función paterna.

Aquello que quedó por fuera del juego, será retomado luego en un segundo tiempo de la estructura, en la pubertad. Nos referimos a lo que antes nombramos como sexualidad y muerte.

Es un observable que desde muy temprano, los niños, los bebés manipulan objetos y están interesados en ellos. Winnicott (1990) ubica una de las funciones de la madre justamente en relación a la presentación de objetos. Freud dice que los niños apoyan sus juegos en objetos tangibles de la realidad llamados juguetes y que los adultos prescinden de ellos y hacen castillos en el aire. Ubica así una diferencia entre el jugar y el fantasear a la vez que una contigüidad. ¿Por qué son necesarios los juguetes y comportan este nivel de presencia en la infancia? Necesidad que luego se pierde, o se transforma marcando el fin de la infancia.

La idea de apoyo nos resulta entonces interesante. Los objetos infantiles, que pueden ser cualquiera, portan sentido para el niño. Poseen un valor fálico. Si es menester jugar con objetos, es justamente porque algo está en falta. Sabemos desde el discurso del psicoanálisis, de la falta de objeto en relación al ser sexuado.

Tomaremos otro lugar posible para pensar la articulación falta-juego-objetos. Nos referiremos al Fort Da, en la lectura que hace Lacan (1964) en el Seminario 11. Tomaremos la reflexión sobre cómo impacta la partida de la madre en el niño. Lacan nos dice que no se trata de que la madre vuelva, porque si de eso se tratara el niño la llamaría para que vuelva. Ni tampoco se agota en la idea de que el niño es el agente de su partida haciendo activo lo que vive pasivamente, una de las interpretaciones freudianas sobre el juego. El juego del carretel es entonces una respuesta a la hiancia, al "abismo alrededor de la cuna que la partida de la madre dejó" (Lacan, 1964). El niño salta ese abismo con el juego y pone a jugar su propia desaparición. Juega, no desaparece; juega apoyando en el carretel su propia desaparición. Lacan especialmente ubica la condición del carretel como objeto que está bien sostenido del hilo, como si fuera una parte de su cuerpo que se pierde, algo bien suyo, abriendo así las coordenadas del objeto a. Dado que el sujeto es solo el efecto de representación entre un significante y otro, fort en oposición a da, significante binario, dice lacan, causa de su desaparición de su afanisis. Solo con su objeto y en el objeto, en el que juega una oposición significante puede el niño tramitar algo de la falta. Esa falta está soportada por el carretel, por el juguete y por el juego.

Objetos infantiles en los cuales quedan transferidas las marcas que el significante operó en el cuerpo, marcas por las cuales circula un sujeto. El niño juega entonces también con el lenguaje, aplica esa oposición al juguete, en tanto marcas del lenguaje que luego podrán ser leídas. Objetos que luego caerán para dar lugar a los objetos de la fantasía. En el juego los objetos tienen un orden de presencia, correlativo a la ausencia del sujeto, y en esta presencia se localiza el niño.

El malestar, aquello por lo que nos consultan, constituye el padecimiento del niño. En los encuentros entre niño y analista y en el establecimiento del espacio de juego, dicho padecimiento queda transferido o soportado en los juguetes. Razón por la cual Marta Beisim acuñó el concepto de Juegos de Transferencia.

Realizaciones en juego

Que se realicen deseos en el juego, que el juego sea divertido, que produzca placer, nos dice justamente que lo que rige el juego es el principio de placer. La satisfacción es inmediata y directa, lo lleva a la repetición. Ser grande, en el juego se produce sin demora. Freud dice que el niño en el juego establece una realidad más grata para él. Podemos decir que él es autor de sus juegos que implican una creatividad. En análisis vemos que el niño establece a qué quiere jugar y ubica las reglas y condiciones del juego. Pero también sabemos que el juego lo juega a él. Que él es jugado en tanto sus contenidos inconscientes están transferidos al juego. Hay reglas que son conscientes y están disponibles para él como para su partenaire de juego, el analista. Pero hay otras reglas inconscientes que son las que tendremos que descubrir y entender.

El carácter de seriedad que Freud (1907) le atribuye al juego, se lo adjudicamos al peso de lo pulsional, es la cara real pulsional que atañe a la satisfacción y por ende al cuerpo. Las pulsiones parciales y sus objetos forman parte del entretejido del juego otorgándole ese carácter de intensidad, en este tiempo autoerótico de la sexualidad infantil. Tiene un valor de lectura para nosotros, si un niño arma juegos muy lábiles, superficiales de algún modo. Leeremos las intrincaciones pulsionales que el juego muestre, en nuestro trabajo de desciframiento del síntoma. El entramado es complejo y es a descifrar.

Pensamos al juego, que realiza deseos, que efectúa algo, presentifica algo, más cercano al acto. Aunque sabemos que el deseo es del orden de la no efectuación, algo se bordea en ese sentido, algo se realiza. No solo porque jugar implica hacer, accionar, sino también por lo que el juego produce. Por lo que el juego produce en el niño, por lo que el juego produce como producción, por la repetición del juego una y otra vez, porque en esas repeticiones, hay un efecto subjetivo y novedoso cada vez. No hay fantasías y luego juego. Decimos que el juego es la fantasía, que funciona como pantalla frente al goce o al fantasma parental. Lacan (s/f) en el Seminario "Problemas Cruciales del Psicoanálisis", dice que el juego es un fantasma tornado inofensivo. Podemos entender que no comporta consecuencias, que es de jugando, por ende inofensivo. Sin embargo, aunque inofensivo, es fundamental en términos de la subjetivación en tiempos de la infancia. Por eso nuestra posición y esfuerzo de no interrumpirlo. Haré y responderé a continuación algunos interrogantes que creo centrales:

1) ¿Con qué materiales y/o juguetes te parece esencial contar al momento de una hora de juego o sesión con niñ@s en tu consultorio? ¿Y por qué esos?
2) Siguiendo con la pregunta anterior, pero ahora intentando abrir a una perspectiva más general: ¿qué materiales y/o juguetes te parecen indispensables o muy necesarios en el consultorio de cualquier psicoterapeuta? ¿Y por qué?
3) En general, cuando se habla del juego entre adultos y niñ@s algunas líneas teóricas plantean la importancia del placer compartido, como un eje en el encuentro terapéutico. En el marco específico del psicoanálisis, ¿cómo te parece que influyen los intereses y las experiencias lúdicas propias del terapeuta? ¿Tendrías algún/os ejemplo/s cercano/s?
4) ¿Cuáles y cómo suelen ser las intervenciones cuando un/a niño/a no juega? ¿Tendrías algún/os ejemplo/s cercano/s?

1) Para comenzar creo importante destacar, en mi trabajo intento ubicar eso, el lugar, fundamental y estructural a la infancia, de los objetos. En ese sentido cualquier objeto puede cumplir esa función de apoyo que mencionábamos y que se subjetiva en el uso, en el juego.

Cuando pensamos que "el juego lo juega al niño", que él es jugado, haciendo alusión a lo que del inconsciente opera en una cura, también le estamos quitando un poco de peso a la elección misma del apoyo, o al menos pensando esa elección desde una dimensión que trasciende el saber consciente de manera que podríamos preguntarnos, ¿quien elige a quién? Dicho esto, desde mi recorrido, desde la herramienta a la medida de mi mano y de mi gusto, prefiero no armar cajas de juego. En los primeros tiempos de mi práctica clínica, las usaba, incluso si podía, una caja para cada paciente. Entiendo que en algunos hospitales o instituciones, es útil y necesario. Con el tiempo, dejé esta costumbre, sentí que no debía ser yo quien hiciera un recorte de los juguetes y objetos que ofreciera al paciente. Preferí poner en un placar todos los juguetes que pudiera, que tuviera, y simplemente ofrecerlos al uso de cada quien. En ese sentido, todos los juguetes me parecen igualmente importantes, funcionales y misteriosos. Digo misteriosos porque no deja de sorprendernos el uso que cada uno de los pacientes les da, la creatividad que desarrollan, y la significación que con el uso las cosas van teniendo, lo corroboramos cuando una y otra vez van directo a buscar eso que pasa a tener un nombre muy original, y ya no es por ejemplo el camión sino la ambulancia de la guerra.

Luego están los gustos y preferencias del analista a la hora de poblar su espacio de juguetes. En mi caso me sienta muy bien y me convocan mucho más, los juegos con muñecos o animales, personajes, con los que amar historias. Lo mismo que prefiero unos juegos de mesa más que otros, pero no me resisto a jugar con ninguno ya que muchísimas veces fui sorprendida con que el típico juego de la oca fue el escenario para desplegar infinitas cuestiones sintomáticas y entonces la oca fue nuestro aliado. Creo que el uso hace más al objeto que su realidad objetiva en sí. Del mismo modo sabemos que objetos del consultorio como adornos, lapiceras, cuadros, lámparas pueden ser parte de un juego o un descubrimiento por parte del niño. Cuando me refiero al uso, incluyo en esta idea al analista, quien tendría que poder apoyarse en ese material o juguete o situación lúdica para intervenir y poner a jugar allí la significación que él considere, el significante oportuno, sin ceñirse necesariamente y obsesivamente al juego tal cual como es. Salvo que su idea de intervención con ese paciente, fuera ser obsesivamente fiel a la regla, cosa que podría ser su hipótesis clínica.

La pregunta refiere a la hora de juego, o sesión con un niño, me acostumbré y me gusta mucho la idea de Jorge Fukelman, de encuentros con los niños. Una serie de encuentros que constituyen el tratamiento.

2) No pueden faltar en un consultorio donde se atiendan niños, todo tipo de objetos llamados juguetes. Quiero decir, aquellos que sirvan más para construir, para representar, para actuar, para dibujar. Depende de la representación que tengamos de los niños, y si los imaginamos por edades; incluiríamos rompecabezas, muñecas, bebés, casitas, algunos juguetes sonoros, soldaditos, dados, pelota, títeres, autos de todo tipo, juegos de mesa que impliquen recorridos, juegos de misterios, juegos de competencias. Pizarra o pizarrón, elementos del doctor, elementos para jugar a cocinar o a la familia. Capaz espadas de plástico, herramientas de juguete, canicas.

Podemos pensar distintos tipos de juegos, algunos clásicos (o de nuestra infancia) y a partir de ello poblar el consultorio de elementos, me refiero a jugar a la familia, a la mamá, al doctor, a la maestra, a la guerra, etc. Elementos para representación gráfica, y masa, etc. Juegos de competencia como distintos tipos de cartas, juegos de pensamiento y estrategia como el ajedrez y las damas. Juguetes para construir, como bloques, legos, piolines, elástico, cinta.

Luego son los mismos pibes los que nos van contando, incluyendo o pidiendo distintos elementos para accionar. Y luego, insisto, estará la manera y el uso que cada uno le dará. Pienso que es muy importante que incluyamos todo aquello que nos tienta a nosotros para jugar, que imaginamos divertido, interesante, etc. Últimamente se me ocurrió incluir unos grandes libros ya que me di cuenta que por siempre los había dejado relegados, no admitidos en mi consultorio. Incorporé libros variados, lindos, algunos de mapas, otros de banderas del mundo, otros con sonidos, fue lindo el uso que se les dio.

3) La pregunta me resulta muy interesante y oportuna.

Estoy de acuerdo con la idea del placer compartido en el encuentro analista-paciente en cuanto a infancia se trata y en una situación lúdica. Nuestra idea es que sea un encuentro que resulte divertido para ambos, pero divertido y serio en el sentido freudiano del término. Divertido también refiere a diverso, y el juego transitará entre la repetición y la diferencia, siendo que nuestra idea es que el juego crezca, y una vez que entendemos a qué estamos jugando y qué se está jugando, podemos proponer modificaciones que trabajen la lógica que estamos leyendo allí. Suscitar angustia con alguna intervención nuestra en el juego, no sería un efecto en principio buscado por el analista. Puede suceder como efecto no calculado, o el enojo del pacientito porque no estamos jugando como él quisiera. Recuerdo situaciones con pacientitos donde algo de la angustia apareció fuerte en la escena, y las recuerdo como fundantes para esa cura. Por supuesto implicará una lectura por parte del analista de aquello que se salió del marco del juego y se tramitó por fuera y entender por qué, o a posteriori, cómo hacerlo entrar.

Los intereses y sobre todo las experiencias lúdicas de los analistas, influyen muy directamente en la cura que estos conducen. Yo pienso que para atender niños, tarea muy difícil por cierto (recordemos que Manonni decía que atender niños era tan difícil que aconsejaba empezar por adquirir algo de experiencia atendiendo adultos), es muy necesario tener presente la propia infancia. Eso será efecto del análisis del analista. Haber hecho un trabajo de recuerdo, elaboración, reconstrucción sobre nuestra infancia, episodios lúdicos, sentimientos, goces, juegos incestuosos de la infancia, los lazos con nuestros pares, levantar las represiones correspondientes, si las hubiere, me parece que es condición para poder encontrarse con un niño de manera neutra y abstinente para jugar. También el análisis del analista, la supervisión, su formación, serán marca fundamental de su posición respecto del trabajo con los padres. Madre, padre, significantes con los que nos topamos todo el tiempo en esta práctica. Las entrevistas con los padres, las angustias de ellos, suelen ser movilizantes si uno no está advertido de algunas cuestiones, o suscitar distintos sentimientos, o efectos de culpar a los progenitores, o tomar partido por alguno de ellos o quedar identificado con el hijo.

Puedo mencionar, como ejemplo, lo que escucho muchas veces en las supervisiones. Un analista pide supervisión para un caso de un chiquito que está atendiendo. Relata algún juego que sucede en el tratamiento, y se queja o se muestra molesto porque el niño hace trampa, o también porque no soporta perder, o porque no juega al juego como la regla lo dice. El analista en esos casos, claramente, está repitiendo algún contenido inconsciente de su vida infantil. El sentimiento con el cual lo relata, nos lo confirma. Técnicamente, por decirlo de alguna manera, está errado para intervenir. Su posición es resistencial. Puede ser que al analista le falte formación teórica para poder leer lo sucedido en el juego, pero sobre todo, tiene que poder hacer una lectura de la transferencia, de eso que el niño transfirió al juego. El analista no es el custodio de la regla del juego sea cual sea éste. El analista tiene que poder soltar eso y dejarse tomar por la escena lúdica.

Jugar en una escena analítica, puede ser una experiencia intensa, cercana al teatro a veces, donde lo corporal está muy presente. Implica un cierto grado de desinhibición, de soltura. Un analista se va a ver demandado y convocado a este tipo de juegos donde lo pulsional está presente, no debería incomodarse por eso, ni resistirse.

En particular, lo que refiere a los intereses del analista, para que no sean resistenciales en el trabajo del análisis, deberían ser dejados de lado, o sea poder abstenernos de los mismos ya que de no ser así la mayoría de las veces funcionarían como obstáculo. Saber de nuestras preferencias o rechazos nos será de gran ayuda para operar con ellos.

4) ¿Cuáles y cómo suelen ser las intervenciones cuando un/a niño/a no juega? ¿Tendrías algunos ejemplos cercanos?

Si un sujeto es niño, entonces juega. En los consultorios puede pasar que un chiquito venga a jugar con nosotros y sin embargo no pueda en un principio jugar. Esto puede deberse a varias cuestiones. Hay razones sintomáticas o diagnósticas que pueden estar en juego en esa dificultad.

Hay razones de inhibición, o sea del tiempo y la dificultad que tome armar un espacio de confianza para el encuentro lúdico.

Hay una razón aun más importante que es el modo en que el analista espera al niño. Esto se articula con la idea o la representación de infancia que cada uno tenga. Por ejemplo, si el adulto analista piensa que un pibe es alguien que sabe lo que le pasa y lo puede explicar y dar cuenta de ello, seguramente al llegar le hará preguntas sobre qué le pasa y por qué viene. Si el analista espera a un niño pensando que niñez refiere sobre todo a juego, seguramente cuando llega al consultorio, podrá invitarlo más que nada a jugar.

Me doy cuenta que me centré más que nada en los primeros encuentros o entrevistas, ya que me parece imposible imaginarme un tratamiento ya en marcha en donde el paciente no juegue.

Cuando pienso desde qué lugar un analista espera a un niño, o qué espera del niño, me refiero a que la respuesta que el analista puede dar, sea lúdica. Hace poco llega un niño a mi consultorio, y muy tímido se sienta y va pasando apenas una pelotita de papel de mano en mano, diría que de forma casi imperceptible, pero yo lo vi. De modo tal que agarré una hoja grande, la hice un bollo y dije: "¡Ah mi pelota es mucho mas grande!". Y se la tiré a sus manos por arriba del escritorio. Él la tomó y me la devolvió y así empezó un juego, un ida y vuelta peloteado entre él y yo. Al rato le dije que tenía todos esos juguetes y le abrí el ropero y lo invité a que eligiera uno y seguimos jugando. Su inhibición, su susto, la incomodidad se diluyó rápidamente al darle yo una respuesta, un velo lúdico a la presencia.

Podría haber algún momento del tratamiento donde parece que no estamos jugando a nada capaz cuando lo que llamamos juego de transferencia se agotó, y aún no se ha relanzado ningún juego nuevo. De ser así esperamos por parte del analista la actitud siempre de armar juego o proponer o esperar a ver qué surge. Hace un tiempo pasaba exactamente eso en un tratamiento de un niño. Ya no quiso jugar a lo que venía jugando, y daba vueltas. Tocaba cosas, deambulaba por el consultorio, y yo lo observaba. En ese momento pensé, ¡está desorientado! Se me ocurrió esconderme, salir de su campo escópico, él al notarlo empezó a buscarme. Así se armó la escondida. Escondimos también cosas para encontrar, esto sucedió en ese encuentro. Al siguiente, ya encaró un juguete y armó una batalla con soldados. Pensé que esconderme y que él me buscara daba un sentido al estar perdido y que alguien te encuentre, o darle un sentido a lo que yo pensé como su desorientación.

Muchas veces en supervisiones escucho: "¡Marisa, pero el nene no juega!". Eso no es así. Muchas veces lo que el analista piensa que es juego o debería ser juego, es lo que le impide que lo que está sucediendo allí, esbozos de juego, jugarretas, chistes, etc., tomen valor de juego, ya que en su expectativa adulta y personal ha ido desechando oportunidades lúdicas a la espera de lo que él o ella imaginaba. Es como un mal entendido, un no acople de lenguajes entre adulto y niño.

Capítulo 12

Dimensiones del jugar en interacciones lúdicas entre adultos y niños

Vanina Huerin, Clara R. de Schejtman, Constanza Duhalde, Juan Augusto Laplacette y María Pía Vernengo | Equipo de Psicólogos Clínicos e Investigadores

Introducción

En este capítulo presentaremos algunas reflexiones acerca del juego infantil que surgen a partir de nuestro trabajo como investigadores de la Universidad de Buenos Aires y de la Asociación Psicoanalítica Internacional (IPA), y como psicólogos clínicos con orientación psicoanalítica. El foco de nuestra investigación es el juego adulto-infante y adulto-niño y la posición subjetiva del adulto en tiempos de estructuración psíquica de los niños. El estudio del juego interactivo puede aportar conocimientos acerca de los enigmáticos tiempos de la estructuración psíquica.

El juego es la manifestación por excelencia del mundo infantil y a través del mismo se vehiculizan aspectos evolutivos, afectivos y expresivos de los niños. Jugar es la forma más natural de transitar la vida; es la vía de expresión y exploración privilegiada en la infancia. Ahora bien, jugar en compañía, además, supone bidireccionalidad y amplificación de estados emocionales (Siegel, 1999), aceptar y transformar la propuesta lúdica de otro, tomar turnos, aceptar reglas, rivalizar y compartir. El juego y lo vincular van de la mano. El "jugar con otro" puede pensarse en dos líneas: el juego entre pares y el juego adulto-niño, este último es sobre el que hemos profundizado en nuestros trabajos.

Desde una visión que contempla la complejidad y la heterogeneidad de modelos y sistemas de aproximación posibles, proponemos ubicar el juego adulto-niño en su perspectiva estructurante del psiquismo infantil. La observación, a través de la investigación, de los sutiles movimientos que se producen en las interacciones lúdicas, da cuenta de la experiencia de transformación mutua y de entonamiento afectivo entre adulto y niño que puede ampliar o restringir la calidad y la riqueza del inicio de los procesos de simbolización.

La regulación afectiva

Investigadores abocados al estudio de la primera infancia centraron la observación minuciosa en la expresividad de los infantes –miradas, gestos y vocalizaciones– como vía privilegiada para inferir estados afectivos, motivaciones y procesos de construcción de sentido desde el inicio de la vida. Muchos de estos estudios fueron la base para el desarrollo de la noción de regulación afectiva definida como la capacidad de mantener un estado óptimo de activación del sistema nervioso y controlar y modular nuestras respuestas afectivas (Fonagy et al., 1995; Tronick, 1989; Stern, 1985).

Los infantes están abiertos al mundo y despliegan una actividad interna propia para solicitar la interacción. Al nacer, además, el infante tiene una capacidad regulatoria propia, con diferencias individuales en la reactividad sensorial y en el logro de la homeostasis. Sin embargo, esta capacidad regulatoria es inicialmente lábil e insuficiente y requiere del andamiaje regulatorio que provee el ambiente cuidador, es decir el adulto, para el desarrollo afectivo, psicomotor, social y cognitivo. El logro de una conexión emocional sólida entre el bebé y sus cuidadores le permite al bebé no vivenciar esa labilidad y propicia el desarrollo adecuado de la autorregulación afectiva.

Dicho de otro modo, para los seres humanos el mantenimiento de la homeostasis fisiológica y emocional es un proceso diádico. El adulto cuidador cumple un rol crucial en el logro de la regulación afectiva ya que funciona como una parte del sistema regulador del infante, tal como cualquier proceso regulador interno. Esta intervención como agente regulador y transformador de afectos, se va complejizando frente a los cambios en el desarrollo del niño, promoviendo el enriquecimiento simbólico y la construcción de funciones cognitivas más avanzadas. Cuando el estado emocional del infante caracterizado por afecto negativo se puede reparar, es decir transformarse en un estado emocional positivo, el infante puede conectarse nuevamente con el ambiente y ampliar su atención hacia la vinculación subjetiva con los otros y/o hacia los objetos del mundo exterior, crucial para el desarrollo emocional, cognitivo y social.

A lo largo de la vida, la regulación afectiva colabora en la metabolización de experiencias. Tanto en la clínica psicológica como en la educación podemos detectar cómo la mayor o menor capacidad del niño para la regulación afectiva se relaciona con la adquisición de mayor complejidad en producción y elaboración del juego, el lenguaje y el desarrollo afectivo y cognitivo. La comprensión del proceso de regulación de los afectos y la detección de signos de desregulación afectiva observables en las interacciones nos permiten comprender algunas dificultades en la puesta en marcha de la matriz interactiva de la cual surgirán los recursos de simbolización que alcanzan los niños en edad preescolar (Schejtman et al., 2013).

El jugar en los primeros años

En un sentido amplio el juego está asociado al placer. A su vez, permite experimentar e integrar la experiencia. Jugar supone ser activo, situarse en un espacio y tiempo determinados, es una experiencia material, una escena en movimiento. Además de la expresión de emociones y sentimientos vinculados con la situación, implica poder poner atención y concentración ya que aquello que se está "viviendo" es relevante para el sujeto. Para Winnicott (1971), el juego creativo es una tarea que en la búsqueda de interrelaciones conecta lo subjetivo con el mundo externo, supone un ritmo y orden (no es caos sin dirección), un estado mental de ilusión (no hay preocupación por el "afuera"), está sostenido en la dependencia e implica momentos de hallazgo sorprendente para el sujeto que juega. Así, cuando el niño juega creativamente es capaz de desplegar concentración, relajación y sorpresa, placer, actitud de descubrimiento y conquista ("crea" algo nuevo). Desde Winnicott, el juego, sostenido en la materialidad de la experiencia, supondrá una delimitación específica, un ritmo especial, una transformación constante. Por parte del adulto que acompaña, el juego implica dar tiempo, delimitar zonas, participar sin invadir, presentar objetos y reestablecer delimitaciones cuando éstas se pierden (Valeros, 1997; Winnicott, 1971). Estos aspectos son jerarquizados también a partir de lo aprendido en los sistemas de observación sistemática (Duhalde et al., 2011; Laplacette, 2012; Schejtman, 2018; Silver et al., 2008).

La posibilidad de despliegue y modalidad del juego también estará emparentada con el nivel de desarrollo neurocognitivo del niño. Desde este punto de vista, el juego evoluciona de su forma inicial de ejercicio sensoriomotor a su forma secundaria de juego simbólico, mostrándonos el camino de la acción a la representación o al símbolo (Español, 2002). Se ha señalado también que el desarrollo psicomotor se produce impulsado por el doble estímulo de la maduración biológica inherente al proceso de crecimiento y de la estimulación social que el niño recibe (Huerin, 2012).

Winnicott (1971) ubica la experiencia humana en el entrecruzamiento entre una realidad interior (lo subjetivo), una exterior (lo objetivo) y una zona intermedia, la de los fenómenos transicionales. Ubicado en esta zona intermedia, el juego es uno de los fenómenos transicionales que permite la ampliación de intereses y del conocimiento del mundo exterior. En este recorrido, el ambiente facilitador adulto lanza al niño hacia el contacto con el mundo y los otros, manteniendo bajo el nivel de las posibles intrusiones que romperían la continuidad existencial. La función del adulto en el despliegue de esta experiencia en sus tiempos iniciales se enmarca en el interjuego de los procesos de ilusión-desilusión, que posibilitará, posteriormente, el jugar con otro en una relación (Winnicott, 1971).

Juego, interacción y vínculo

La construcción del juego está indisolublemente ligada a la vincularidad y al entrecruzamiento entre la dimensión intrasubjetiva del niño, la dimensión intrasubjetiva del adulto y la dimensión intersubjetiva vincular que se construye en el marco de la dimensión de la interacción entre ambos.

Si bien los conceptos de vínculo e interacción refieren a una perspectiva que toma el "más de uno" en psicoanálisis, presentaremos algunas diferencias entre ellos. Desde el campo del psicoanálisis basado en la vincularidad, Berenstein (2004) entiende por vínculo una situación inconsciente que ligando a dos o más sujetos, los determina en base a una relación de presencia que genera subjetividades singulares. En tanto que el concepto de interacción, tomado por investigadores y clínicos basados en estudios observacionales, refiere al momento a momento del fluir afectivo entre los sujetos caracterizado por la bidireccionalidad y la transformación mutua de la expresividad afectiva desplegada por los miembros de la díada y pasible de observación (Schejtman, 2018). En nuestra perspectiva conceptual, basada en el paradigma de la complejidad, consideramos que vínculo e interacción, tal como los hemos descripto, están indisolublemente ligados y son complementarios a la hora de encarar el estudio de las relaciones significativas en primera infancia. Destacamos, además, la importancia de la intersubjetividad, entendida como la capacidad del ser humano de compartir con otro experiencias subjetivas y contenidos mentales (Trevarthen, 1980; Stern, 1985).

El juego entre el bebé y el adulto

¿Desde qué edad puede hablarse de juego? La actitud lúdica aparece ya muy tempranamente en los bebés, a partir de los gestos, la acción, la exploración. Las expresiones sensoriales primarias como expresiones faciales, llantos, sonrisas, vocalizaciones tempranas son señales que el bebé emite hacia su ambiente. Las respuestas del adulto a las expresiones "espontáneas" del niño inician el intercambio lúdico y van construyendo un sentido del mundo que llevará a que cada gesto singular del bebé sea un antecedente a la simbolización y a la constitución del lenguaje propio.

Un infante que juega da a conocer su mundo interno, muchas veces ininteligible de otro modo para el adulto, el cual, de esta manera se relaciona con este mundo interno; a su vez, al responder al intercambio sensorial puede enriquecer al bebé ofreciéndole articulaciones de sentido y objetos del mundo externo tales como juguetes o lenguaje (Silver et al., 2008). Durante los primeros meses de vida en el juego interactivo entre adulto y bebé, se producen secuencias lúdicas en las cuales se van construyendo un conjunto de reglas establecidas y reconocidas por cada participante. Ambos aprenden a ajustarse a la intensidad del otro, a los tiempos, los tonos, la duración y el modo elegido (Stern, 1985). En esta etapa de la vida del niño, el adulto auxiliador oferta juguetes, objetos del mundo exterior, estos marcan la primera distancia entre el cuerpo y los objetos contribuyendo a mediatizar las experiencias por la vía de lo lúdico y los inicios de la separación-individuación (Schejtman et al., 2014). Así, la acción del ambiente constituye el prerrequisito para la construcción de la simbolización (Winnicott, 1971), en tanto permite la sustitución de objetos primarios de satisfacción pulsional por objetos de cultura que empujan el proceso sublimatorio.

El adulto presenta estímulos impregnados de afectos, muchas veces expresión de pulsiones muy tempranas. Las primeras experiencias intersensoriales e interafectivas son de muy alta intensidad. En los primeros intercambios madre-bebé se produce una construcción de estados afectivos diádicos caracterizados por la bidireccionalidad del diálogo interactivo que se caracteriza por la superposición de encuentros y desencuentros afectivos (Tronick, 1989, 2008). En este sentido, estas primeras experiencias pueden ser mayoritariamente placenteras y continentes o bien, en algunos casos, inundantes si exponen al bebé a una intensa ansiedad que proviene de los adultos. Dicho de otro modo, el adulto detenta la función de mediatizar y ligar las mociones pulsionales y así sostiene la inmadurez afectiva del infante, respetando sus umbrales perceptivos y homeostáticos. La intensidad del intercambio afectivo responde al traumatismo necesario para poner en marcha el despliegue pulsional. El exceso de estimulación sensorial heterogénea, perturba el investimento libidinal por parte del bebé, prerrequisito para la representación y puede entrar en el registro de trauma, produciendo retraimientos defensivos secundarios que cierran la apertura del niño al mundo interhumano y a estímulos novedosos. Esto podría afectar su exploración y curiosidad del mundo circundante (Schejtman, 2018).

En nuestro programa de investigación pudimos observar que, en una situación lúdica hacia los 6 meses, los bebés focalizan la interacción con sus madres a partir de los juguetes ofrecidos y pasan menos tiempo en la relación directa con el cuerpo de ellas. Esto permite inferir una ampliación del mundo de intereses del bebé al finalizar el primer semestre, dado que, cuando se les ofrecen juguetes, los bebés tienden a desarrollar conductas exploratorias respecto de estos. Estas conductas exploratorias constituyen, en parte, un recurso de autorregulación (Schejtman, 2008). El acceso a la autorregulación es un logro central en la creciente capacidad del bebé de "estar a solas en presencia de otro" (Winnicott, 1971).

El juego simbólico desde la perspectiva interactiva

Tal como venimos señalando, el juego no solo es sostén de las experiencias placenteras sino también vía y soporte de la simbolización. La relación entre el desarrollo, el ejercicio de la simbolización y el juego es solidaria e indispensable. El juego simbólico tiene su base en los aspectos sincrónicos del vínculo diádico; es un proceso que se despliega en el tiempo, a través de secuencias claras de las relaciones entre la facilitación del adulto y la complejidad de la expresión simbólica del niño (Huerin, 2012).

La sincronía existente en la interacción de padres e infantes es el estímulo ambiental esencial en un período crítico para la maduración del cerebro y la disponibilidad social que da forma al desarrollo posterior. Las interacciones recíprocas y de apoyo facilitan el juego simbólico, mientras que las interacciones intrusivas y directivas tienen el efecto contrario (Laplacette, 2012; Schejtman et al., 2013).

Vygotsky (1933) señala que lo que caracteriza al juego simbólico es la creación de una situación ficcional, en la cual el niño puede tomar el lugar del adulto, mostrando la peculiar relación con la realidad presente en el juego. A través del juego, adulto y niño comparten una experiencia mental real, donde participan tanto la actitud mentalizadora parental (funcionamiento reflexivo parental) como las representaciones que construye el niño acerca de su mente y de sí mismo (Slade, 2002; Slade et al., 2004; Fonagy et al., 1995, 1998).

Si bien el juego simbólico en sus niveles más elementales se puede observar ya alrededor de los dos años, es hacia los cuatro años que el niño adquiere una característica esencial, la habilidad para simular estados mentales mediante la conducta de *"hacer de cuenta"* (Leslie, 1987; Rivière, 1991), la cual se relaciona con la posibilidad de despliegue en riqueza y complejidad del juego simbólico. En el juego ficcional, el niño toma situaciones vividas o fantaseadas y las reconfigura según su necesidad deseante. En este "como si", además, al tomar y sustituir roles, suspende momentáneamente la asimetría respecto del adulto.

Se ha señalado a partir de diversos estudios, que la capacidad de los niños preescolares para el juego simbólico se vincula con la disposición de los cuidadores adultos para jugar, ya que los episodios complejos en el juego pueden relacionarse con acciones recíprocas del adulto que influyen en el aumento o disminución del juego simbólico (Feldman, 2007; Fogel y Thelen, 1987; Keren et al., 2005; Slade, 1987).

Por nuestra parte, en un estudio basado en el análisis exhaustivo de los intercambios lúdicos entre niños en edad preescolar y sus madres, encontramos una relación significativa entre los niveles de simbolización en el juego y el modo afectivo en que discurre la interacción lúdica. Cuando el adulto y el niño despliegan un modo de interacción convergente, es decir cuando comparten una propuesta de juego y la expanden conjuntamente en un clima emocional positivo, es mayor la frecuencia de juego simbólico del niño (Duhalde et al., 2011). Así, coincidimos con otros investigadores (Fonagy y Target, 1996), en el papel relevante que cumple el adulto como favorecedor del despliegue lúdico y de la simbolización, facilitando y amplificando los potenciales lúdicos y de desarrollo del niño. La importancia de la relación adulto-niño como potenciadora de la simbolización puede observarse también en el marco de la relación del niño con docentes, cuidadores, terapeutas y otros adultos significativos.

Distintas miradas sobre la interacción.
De la observación sistemática a la clínica

El campo de la investigación en Primera Infancia con metodología observacional empírica minuciosa, produjo nuevos conocimientos acerca de la vida afectiva de los bebés y los niños. Estos aportes pueden constituir una herramienta significativa para responder interrogantes y brechas en nuestros conocimientos teóricos (Schejtman, 2008).

¿Qué observamos? ¿Desde dónde? "Observar" proviene del griego, que significa vigilar estrechamente, prestar atención. Ferrater Mora (1994) plantea que la filosofía considera la observación como base del saber y el conocimiento. La observación de fenómenos, si bien tiene un carácter empírico, no excluye la introspección y reflexión que esos fenómenos despiertan.

El estudio sistemático de los fenómenos interactivos vía la observación permitió incluir el estudio del psiquismo temprano dentro de la perspectiva de la ciencia, aportando la construcción de regularidades y patrones conductuales e interaccionales correspondientes a distintas etapas evolutivas.

En nuestro quehacer superponemos la observación sistemática a partir de la cual se producen correlaciones estadísticas que permiten realizar inferencias y generalizaciones acerca de algunos fenómenos, con la observación clínica de cada caso en su singularidad. Estos dos niveles de análisis de las observaciones son una herramienta para la ampliación de saberes acerca del desarrollo y acerca de las teorías de la construcción del psiquismo temprano que generalmente se han desarrollado a partir del material de pacientes adultos.

Dentro de la multiplicidad de fenómenos que se presentan al estudiar el juego entre el niño y el adulto, a la hora de investigar, la perspectiva del investigador se reflejará en el modo de delimitar facetas y realizar recortes que permitan privilegiar los aspectos descriptivos que llevan a realizar inferencias y vincular los aspectos elegidos con otras variables dentro del mismo campo de estudio. Si bien la observación de fenómenos tiene un carácter empírico, la reflexión acerca de los mismos es el aspecto más creativo y rico de la investigación.

Presentaremos aquí algunos aspectos de los instrumentos que conformaron nuestros sistemas de observación y fueron construidos o adaptados por el equipo en el marco de las diferentes programaciones de investigación UBACyT. En particular, describiremos aquellos que corresponden a la etapa de estudio de las interacciones de niños de 4 y 5 años con sus madres y padres.

Los sucesivos proyectos e investigaciones sobre la regulación afectiva en el primer año de vida, y la continuación de su profundización con niños preescolares, nos llevaron a observar en detalle algunos aspectos ligados a la simbolización en el juego, a las modalidades y estilos de la interacción adulto-niño a partir de los cuales diseñamos un Sistema de Observación de Interacción Lúdica (SOIL, Schejtman, 2018). Este instrumento sistemático ha sido validado en pruebas piloto hasta obtener un nivel de confiabilidad adecuado que permite que sea utilizado en otras tesis e investigaciones. Así como en estudios locales este sistema (SOIL) se está aplicando en colaboración con investigaciones de la Universidad de San Paulo.

Este sistema está orientado a captar indicios específicos que son considerados desde el punto de vista teórico como nodales para estudiar la complejidad en la expresividad emocional y los intercambios en la díada (Duhalde et al., 2011). Buscamos hacer confluir los aportes de la observación sistemática en nuestras investigaciones, con la singularidad de cada niño y adulto y de sus interacciones.

El Sistema de Observación de Interacción Lúdica (SOIL) explora:

a) el **nivel de simbolización** del niño;
b) la **modalidad de la interacción lúdica** entre adulto y niño;
c) la presencia de **indicadores de desregulación** afectiva tanto en el niño como en el adulto;
d) el **estilo parental** de interacción.

a) Diferenciamos así tres *niveles de simbolización* en el juego según su grado de complejidad: *Juego funcional*, que consiste en el empleo de un objeto o juguete con su función instrumental convencional de modo simple y descontextualizado, como por ejemplo llevarse un vaso o cuchara vacía a la boca, o ponerse el teléfono en la oreja. *Juego simbólico simple*, cuando en la actividad se desarrolla una situación imaginaria, "como si" (*prettend mode*), como por ejemplo tomar el té, arreglar autos o arrullar al bebé. Y *Juego simbólico complejo*, que se define por la presencia de la atribución de roles, en la que cada uno asume un rol diferenciado, distante de la propia identidad ("¿Dale que sos la tía y yo la mamá?") y/o el uso sustitutivo del objeto –cuando un objeto sirve para hacer de otro objeto diferente o sustituir otro objeto, y es separado, entonces, de su uso y significado "convencional"–. Se trata de usar una cosa por otra, rompiendo su función instrumental. Por ejemplo, tomar un bloque de madera y usarlo como peine.

b) El jugar con otros no es un punto de partida sino una escena que se construye y tiene un devenir. En líneas generales, puede haber una convergencia, una divergencia que se acompañe de un conflicto o fricción, o actividades individuales. Así podremos detectar en el juego interactivo la ***modalidad de interacción lúdica***, que es otro de los aspectos considerados. Esta apunta a discernir el tono afectivo y la modalidad vincular dentro de la que se desarrolla la situación de juego. Se busca observar el nivel de acuerdo respecto de la escena lúdica planteada, el tipo de afecto predominante y el nivel de flexibilidad para tomar iniciativa dentro del juego. De esta forma se pueden describir tres modalidades de interacción: *Convergente, Divergente, Modo Paralelo*. Cuando el juego se da de modo convergente la díada comparte un "programa de acción". Por ejemplo, el niño dice que es constructor y toma un martillo, la madre le alcanza un serrucho y dice que ella podría llamarlo por teléfono para hacerle un encargo, el niño acepta la idea y el juego continúa avanzando en esta línea. Cuando el modo afectivo es divergente, existe una situación de desencuentro frente a un intento de convergencia que resulta fallido. Adulto y niño no logran ponerse de acuerdo acerca del curso del intercambio lúdico, uno o ambos presionan para definir el contenido o modo del juego a pesar de no ser acompañado por el otro. También puede darse un modo paralelo en el juego, situación que no implica conflicto por el intento fallido de establecer un juego conjunto, sino que expresa la necesidad o posibilidad, en ese momento, de desarrollo solitario del juego en presencia de otro.

c) Por otra parte, dado nuestro interés por el estudio de la regulación afectiva, identificamos ***indicadores de desregulación afectiva*** tanto en el adulto como en el niño, es decir situaciones en que predomina el afecto negativo en alguna de sus expresiones posibles y en las que la reparación de esta desregulación no se da de forma inmediata.

d) Además, resulta relevante observar específicamente el aporte del adulto al despliegue interactivo en el juego. Con esta idea elaboramos categorías de observación referidas a los ***estilos parentales*** *de interacción lúdica* (Laplacette, Leonardelli & Schejtman, 2013) para detectar los estilos predominantes desplegados por el adulto como soporte del juego. Diferenciamos entonces entre el *Estilo Facilitante*: con predominio de una participación activa de la madre respetando los ritmos del niño, y cuyas verbalizaciones no resultaron críticas respecto de la actividad del niño; y el *Estilo Restrictivo*: en el que predomina un estilo intrusivo-directivo y verbalización crítica por parte del adulto. Determinar el estilo interactivo en el adulto durante la situación lúdica no implica hacer una evaluación global de la cualidad de los cuidados. Sin embargo, a partir de estas observaciones minuciosas de interacciones se advierte que el estilo interactivo del adulto es un motor para la interacción y produce efectos facilitantes o restrictivos en la producción simbólica en el juego de los niños preescolares.

Algunas viñetas de juego interactivo adulto-niño

Tal como venimos exponiendo, cada momento de juego, y más aun si se trata de juego vincular, reviste una gran densidad en cuanto a sus posibilidades de análisis y comprensión. A continuación, presentaremos algunas viñetas de escenas de interacciones lúdicas de nuestra investigación para reflexionar sobre el análisis y las categorías de observación descritas arriba.

1. El conejo y el cocodrilo

La mamá y el niño revisan los juguetes que hay en la canasta, el niño toma un conejo y un cocodrilo, dice que el cocodrilo se come al conejo y se va al agua, hace un "ruido" al sumergirse y los dos se ríen. La mamá querría que el cocodrilo escupa al conejo, pero en cambio, el cocodrilo –manejado por el niño– va comiendo otros animales. La mamá comenta entonces que el cocodrilo tiene mucha fuerza. El niño dice que ahora el cocodrilo tiene un teléfono, que lo encontró porque está ordenando. La mamá le sugiere al cocodrilo que ordene menos y siga jugando y trae a la ballena, pero el cocodrilo también se la come. Se trata de una ballena chiquita, comenta la mamá, por eso el cocodrilo se la puede comer... Otro animal "le tira cosas a la ballena", dice el niño, "y la ballenita se las devuelve", replica la mamá. "¡Fútbol!" exclama el niño, y se inicia un partido con goles y relato, unos tiran y otros atajan.

En este párrafo, que resume algunos minutos de juego, podemos observar que la modalidad interactiva predominante es la de convergencia (compartir una propuesta de juego). Si bien podría haberse dado un quiebre en la misma –y un estado de divergencia– cuando la mamá expresa su deseo de que el cocodrilo se detenga (que escupa al conejo), ella es capaz de postergar su sugerencia y seguir al niño en el despliegue de voracidad del reptil, hasta que en el juego la situación se transforma en un campo de fútbol, lo que hace, en esa escena, a un estilo facilitante que respeta los ritmos y las propuestas del niño. No se observa indicador alguno de desregulación afectiva y se desarrolla un juego simbólico complejo (trama con personajes, transformación en una escena de fútbol, la situación de animales tirando objetos).

2. La ecografía

En otra díada madre-niña, la niña propone jugar a que ella está embarazada (tal como lo está su mamá en la realidad). Para esto, coloca bajo su remera un muñeco-bebé que su madre ayuda a acomodar. En un momento dice señalando su panza: "Eh... voy a tener un bebé... es varón. Sí, toque acá, se ve todo... la cabeza...". La madre, asumiendo el papel de médico, hace como que la revisa y contesta: "¡Ah! se le ve todo... ¿quiere que le haga una ecografía?". La niña acepta, la mamá toma de la canasta de juguetes un martillo y dice "Vamos a hacer de cuenta que esto era para poner el gel" y continúa (señalando la alfombra): "...y usted se acuesta acá". La niña acepta las indicaciones de su mamá. La mamá hace como que realiza una ecografía y dice: "Ahí está... yo le hago la ecografía. Acá está el monitor... ¿no?", señala a su derecha, en el aire. La niña asiente, mira hacia el monitor imaginario y comenta: "Y después... hoy nacía", y su mamá le dice: "¿Hoy nacía? Ah bueno, dale. Entonces le hacemos una ecografía para ver cómo está... el bebé en la panza".

En esta viñeta se puede observar que la mamá participa activamente del juego respetando los ritmos y la iniciativa inicial de la niña. Es una mamá que propone, ampliando la escena lúdica, pero sin ser intrusiva. El juego se da en una modalidad interactiva de convergencia. Las ideas o sentimientos que expresa la madre son en un tono positivo, y se acompañan con sonrisas. La niña despliega un juego simbólico complejo que la madre sostiene y amplía. Si consideramos el hecho de que en esta díada la mamá está, efectivamente, embarazada, es evidente la función elaborativa del juego propuesto por la niña.

Estas viñetas nos permiten ejemplificar algunos de los resultados que venimos obteniendo en nuestro programa de investigación. Como se mencionó, respecto al despliegue de juego simbólico a los 4-5 años encontramos una relación significativa entre el modo de interacción convergente –hacer juntos– y la mayor complejidad simbólica del juego del niño. En un análisis caso por caso de las interacciones, pudimos ver que cuando las secuencias de convergencia madre-hijo se sostienen por un tiempo más prolongado, la complejidad del juego aumenta. Pareciera que las disrupciones abruptas en el juego obstaculizan la construcción de la continuidad del juego y como consecuencia de esto se produce menor complejidad simbólica. Estas interrupciones podrían relacionarse con la dificultad en regular los afectos negativos o aquellos que despiertan conflicto, y que no pueden resolverse dentro de la escena lúdica misma.

Cuando las madres parecen estar más a tono con el despliegue afectivo y la agenda de juego de sus hijos, logran mayor disposición a seguir las transiciones entre los modos de juego evitando interrupciones disruptivas.

Reflexiones finales

A partir de las nociones de juego en la infancia y el papel del adulto en dicho proceso, como ejes de estudio, continuamos en la búsqueda de articulaciones entre nuestro quehacer como psicoanalistas clínicos especializados en primera infancia y la labor de investigación basada en observaciones minuciosas de interacciones filmadas.

Nuestro recorrido nos llevó a sostener la propuesta de un modelo de acercamiento tridimensional al desarrollo infantil tomando los aspectos intrasubjetivos del adulto constituido, como del infante en constitución, el momento a momento de las interacciones y de la constitución de la intersubjetividad y los aspectos transubjetivos de la cultura y microcultura de pertenencia de la díada y su familia extensa. Hemos presentado aportes de autores psicoanalíticos que consideran que el niño se constituye en el encuentro con el semejante, y necesita del sostén de los adultos cuidadores para desplegar y desarrollar sus potenciales. Este movimiento intersubjetivo apunta a la construcción de la subjetivación.

Tenemos en cuenta una visión que contempla la complejidad y la heterogeneidad de nuestro objeto de estudio y el aporte que la investigación observacional de interacciones lúdicas progenitor-niño puede ofrecer al estudio de los tiempos de la constitución psíquica, a la psicología del desarrollo y a la clínica en primera infancia.

La convergencia y la divergencia forman parte de momentos de la interacción. Es relevante destacar que el adulto, desde su posición, es quien sostiene el encontrar los modos de acompañar y facilitar el despliegue lúdico.

Esto implica valorar la perspectiva del niño, en un estilo que respete sus tiempos sin intervenciones que lo interrumpan. En nuestra investigación observamos que a los 6 meses, el predominio de la convergencia se relaciona con una actitud en el adulto que acompañe la exploración del bebé, y abra el camino hacia su autonomía, facilitando la capacidad de "estar a solas en presencia de otro" según Winnicott. En términos de los desarrollos mencionados, este logro estaría dado por el pasaje de la regulación afectiva diádica a la autorregulación y por los modos en los cuales el infante construye recursos de autorregulación sin retraimiento.

Posteriormente, la convergencia en la interacción está en poder "jugar juntos en una relación", donde se superponen la subjetividad del niño y la del adulto. La fuerte influencia de la convergencia entre el adulto y el niño sobre el nivel del juego simbólico complejo que muestran los resultados de nuestra investigación refleja la cualidad de este segundo momento.

La función del adulto en los procesos que despliega el niño constituye un aspecto importante a ser tomado en diferentes contextos, como clínica, educación y en la relación entre padres e hijos en general. Los adultos como sujetos constituidos y frente a sujetos en estructuración, son pilares para favorecer la convergencia en el juego interactivo, así como pueden predominar aspectos restrictivos en la interacción con el niño. Por eso, nos parece importante tomar en cuenta qué les ocurre a los adultos con el niño y qué les genera conflicto, para poder trabajar con ellos y propiciar nuevos modos de encuentro adultos-niños.

Utilización de sistemas de observación sistemáticos

Creemos que los instrumentos de observación pueden constituir un aporte al tema de la constitución de los procesos de simbolización desde la perspectiva de la intersubjetividad, tanto desde el punto de vista teórico como clínico en el campo psicoanalítico y en la psicología del desarrollo (Artaloytia, 2014; Beebe, Rustin, Sorter y Knoblauch, 2008; Grassi y Cordova, 2010).

Hoy sabemos, tal como lo sostuvieron los primeros analistas que zanjaron el debate, que las investigaciones sobre infancia que suman metodologías sistemáticas de observación no sólo aportan nuevos conocimientos a la teoría sino que permiten desarrollar herramientas conceptuales y clínicas para la intervención temprana con orientación psicoanalítica en los momentos mismos de la constitución psíquica. Sutiles problemáticas interactivas tratadas tempranamente permiten ampliar el potencial de desarrollo de los niños y evitar algunos desarrollos psicopatológicos.

Estos conocimientos basados en el estudio de filmaciones ofrecen nuevos recursos para la formación de especialistas en salud mental que puedan realizar intervenciones clínicas tempranas con una perspectiva interaccional con orientación psicoanalítica. Estos abordajes clínicos privilegian la intervención en los momentos mismos de constitución de la intersubjetividad (Altman, 2015; Fivaz Depeursinge y Phillip, 2014; Harrison, 2008; Lieberman, 1999).

Capítulo 13

El juego y las infancias contemporáneas: tramas de sociabilidad, tramas de consumo

Carolina Duek | Lic. en Cs. de la Comunicación

Introducción

La relación entre la niñez, los medios de comunicación y el juego es compleja y demanda diferentes perspectivas y herramientas para componer un acercamiento adecuado para su investigación. En el transcurso de la última década, han aparecido nuevas plataformas y dispositivos en el ecosistema mediático (tal como lo define Martín-Barbero, 2003) en el cual viven los niños y niñas. La disponibilidad de nuevas tecnologías, sus usos y apropiaciones constituye el principal foco de este trabajo. Tablets, consolas de videojuegos, teléfonos celulares, computadoras, redes sociales y la televisión, ocupan la mayoría del tiempo libre de los niños y niñas (y una parte del tiempo escolar también).

El objetivo del trabajo es presentar parte de los resultados del proyecto de investigación titulado "El juego infantil en la cultura contemporánea: un abordaje de sus prácticas y representaciones" (financiado por el CONICET, Argentina 2013-2016). En el transcurso de los tres años de proyecto, se investigó la relación entre niñez y representaciones para identificar los principales aspectos de los juegos, prácticas y discursos construidos alrededor de ellos.

La hipótesis que organizó la investigación sostenía que las nuevas plataformas y redes sociales (como videojuegos, Facebook o Instagram) ocupan un lugar central en la vida y en la sociabilidad de los niños y niñas y que los más chicos utilizan cada plataforma en formas particulares. Es decir, los juegos y las redes sociales son una parte crucial de sus vidas, no sólo por sus usos sino también por las maneras en que se construyen sentidos sobre las apropiaciones, preferencias y anhelos de grupos específicos de niños.

Se diseñó un proyecto cualitativo para explorar la hipótesis. El trabajo de campo se dividió en dos instancias: la identificación del panorama de medios en Argentina y la palabra de los niños y de las niñas. La primera instancia involucró una exploración exhaustiva de los juegos, sitios web, redes sociales, programas de televisión y revistas que existen en el mercado argentino, con el objetivo de identificar y analizar el contenido mediático y los dispositivos que son mayormente consumidos por los niños y niñas, siguiendo líneas de investigación similares (Livingstone y Helsper, 2007). Esta etapa permitió el desarrollo de un entendimiento profundo de la forma en que los personajes, temas y dinámicas eran presentados y representados a los niños en diversos dispositivos. Así, las entrevistas con los niños y niñas fueron preparadas y hechas con un conocimiento exhaustivo de los patrones de consumo contemporáneos y los personajes y plataformas que eran una parte de sus vidas (Buckingham, 2007). Respecto de los juegos de computadora y consolas, un porcentaje de los productos más vendidos fueron identificados y los juegos fueron tanto jugados como analizados en profundidad antes de conocer a los informantes[1].

La segunda etapa del proyecto consistió en entrevistar niños y niñas en sus propias casas y habitaciones con uno o dos amigos (de su elección). El objetivo fue construir un mapa de preferencias, gustos, usos y apropiaciones de redes sociales y dispositivos electrónicos, retomando las palabras de los informantes como una vía para identificar prácticas significativas y representaciones que se construyen en y a través de sus patrones de consumo cultural (Glaser y Strauss, 1967; Denzin y Lincoln, 2003).

La muestra de investigación involucró 15 entrevistas con un total de 38 niños con edades entre siete y nueve años, residen-

---

1. Las fuentes secundarias usadas para construir este mapa de consumos culturales fueron la Encuesta Nacionales de Consumos Culturales (2014), y los reportes de 2006 y 2008 del Sistema Nacional de Consumos Culturales. Otras fuentes como *rankings* y los productos más vendidos en empresas de juegos fueron también consultadas en esta etapa de la investigación.

tes de la Ciudad de Buenos Aires y asistentes a escuelas públicas (en continuidad con investigaciones anteriores en las que la asistencia a la escuela pública fue una variable relevante para la construcción de la muestra). Estas entrevistas fueron llevadas a cabo entre marzo y septiembre de 2014, fueron grabadas y un formulario de consentimiento informado fue firmado por los padres y madres previamente al inicio de las entrevistas. Aunque los adultos fueran los únicos que firmaron los consentimientos, los niños y las niñas fueron consultados para saber si estaban de acuerdo antes de la entrevista. Si deseaban parar de hablar o decían estar "aburridos" o con ganas de irse, podían hacerlo. No hubo compensaciones o regalos por participar de la entrevista. Los nombres de los niños fueron modificados para proteger tanto sus identidades como su derecho a la privacidad.

El objetivo de este artículo es identificar las maneras en que los patrones de juego, usos de la tecnología y actividades de los niños y niñas se relacionan en la actualidad de diferentes formas según las perspectivas e intereses que estructuran la vida cotidiana de los más chicos y que organizan sus vínculos con pares y adultos importantes a su alrededor. ¿Cómo usan los niños los dispositivos a los que tienen acceso? ¿Qué sentidos se construyen sobre las plataformas y redes sociales? ¿Cómo juegan los niños y las niñas? ¿Qué temáticas y personajes aparecen en los juegos? ¿Cómo hablan de la competencia y los *rankings*? ¿De qué formas la tecnología es parte de sus prácticas? Las respuestas a estas preguntas conforman el núcleo de este trabajo.

Televisión, personajes y redes: el género como variable

La experiencia de haber dirigido diferentes proyectos de investigación dejó en claro que, para indagar respecto de los patrones de consumo cultural de los niños, es necesario entender sus elecciones y preferencias.

El rol del investigador como una persona desconocida que visita la casa del niño luego de que un adulto responsable firme un consentimiento informado es complejo. Bourdieu (1999) define esta situación como la intersección de construcciones culturales que representan y atraviesan expectativas que operan como guías para el entrevistador y los entrevistados. En otras palabras, el entrevistador construye una representación mental de los entrevistados y quizás cambie el registro lingüístico y la construcción del discurso en la escena comunicativa. En el mismo sentido, los informantes tienen una representación de lo que se espera de ellos (Goffman, 1974). El encuentro de ambos conjuntos de expectativas y representaciones debe ser profundamente controlado, como sugieren Bourdieu, Chamboredon y Passeron (2002) mediante la vigilancia epistemológica.

La primera etapa de la presente investigación involucró jugar, interactuar y probar los ítems que un estudio piloto[2] previamente había permitido identificar como parte del discurso de los informantes. Metodológicamente, la investigación comenzó con un reconocimiento de los objetos y personajes que parecían estar relacionados con el género (de la misma manera que la investigación realizada por Albero Andrés, 1996). Se les pidió a chicos y chicas que escogieran diferentes personajes favoritos de los programas que ven en función de sus preferencias. A pesar de que la televisión no es una preocupación central de este artículo, servirá para mostrar cómo los patrones de consumo cultural de los niños y niñas trabajan en conjunto, unificando diferentes aspectos de sus elecciones (Zelizer, 1985).

En un reciente estudio europeo realizado por Ponte et al. (2017) en el cual se relevan franjas etarias similares, la televisión aparece como la pantalla más constante en la vida de los niños y niñas, seguida de los teléfonos celulares. Efectivamente, todos los participantes del estudio afirmaron ver televisión diariamente. En Argentina, se puede llegar a las mismas conclusiones: la televisión continúa siendo un medio crucial para niños y niñas y opera como la principal fuente de identificación con personajes, preferencias y deseos.

La noción de una red de elecciones y preferencias comienza, la mayoría de las veces para gran parte de nuestros informantes,

---

2. El estudio piloto involucró 7 chicos y 5 chicas para probar los cuestionarios y la hipótesis diseñados en instancias anteriores. Los resultados de la prueba piloto fueron cruciales en la reescritura y reflexión respecto de las preguntas y tareas para enriquecer el enfoque de las entrevistas que siguieron.

con la televisión (Dhoest y Simons, 2016; Enli y Syvertsen, 2016). Es por ello que, en el estudio piloto, la primera y más general de las preguntas era sobre los personajes favoritos de los chicos y chicas. El cuadro 1 muestra las respuestas:

Cuadro 1: Programas favoritos por género

Niños	Niñas
Ben 10 Omniverse (Cartoon Network)	*La princesa Sofía*[t] (Disney Junior)
Power Rangers (Cartoon Network)	*I-Carly* (Nickelodeon)
Hora de Aventura (Cartoon Network)	*Gravity Falls* (Disney XD y Disney Channel)
Phineas y Ferb (Disney XD)	*Doctora Juguetes* (Disney Junior)

La preferencia de chicos y chicas por estos personajes no implica que no miraran otros programas de televisión. Resulta interesante remarcar que, cuando fueron consultados por sus preferencias, los participantes seleccionaron programas de canales de cable (existe un canal público para niños y niñas, PakaPaka, que no fue mencionado), y que estos jóvenes espectadores también los asignaban a género, como analizaron Buckingham (2011) y Duek (2014), entre tantos otros. El género, como variable, aparece no sólo como una explicación de las elecciones de los niños y niñas sino también como un medio a través del cual identificar cómo los estereotipos se entrecruzan con expectativas sociales (Thorne, 1998).

En una investigación similar, Sutton Smith y Rosenberg (1959 y 1961) realizaron un estudio en el que les dieron a 184 niños y niñas una lista con 181 actividades. Les pidieron que clasificaran los ítems de acuerdo a sus gustos. Lo que obtuvieron fue a la vez predecible y sorprendente: la lista que hicieron los varones reproducía los objetos que estaban directamente dirigidos a ellos; y la lista de las mujeres seguía el mismo patrón. Soldaditos, astronautas, fútbol y trenes de juguete eran elegidos entre otros objetos por los chicos. Las chicas eligieron muñecas, disfraces, sogas para saltar, "Simón dice", por nombrar algunas de las actividades elegidas (ver también Sutton Smith, 1975).

Tanto en la elección de programas de televisión contemporáneos como en el estudio mencionado (con más de 50 años entre ellos) encontramos que el género opera como una construcción social que organiza las maneras en las que los niños y niñas eligen los juegos con los que juegan y los programas que miran.

De la misma manera que las chicas elegían muñecas en 1959, los informantes en la actualidad eligieron "Doctora Juguetes" y "La Princesa Sofía" como sus programas de televisión favoritos. Keys (2016) analiza las maneras en las que el género, representación, raza y clase aparecen en "Dora la Exploradora" (Nick Jr.) y en "Doctora Juguetes" (Disney Junior), argumentando que estos programas brindan una representación diferente de niñas jóvenes que podría transformar, con el tiempo, algunos de los estereotipos de género, clase y raza.

En el estudio piloto realizado en esta investigación, los varones afirmaron que estos programas eran para "chicas" y que todo en "Doctora Juguetes" era violeta y rosa: "Claramente un programa para chicas", dijo Mateo de 8 años.

En un estudio sobre televisión y género, Hentges y Case (2013) concluyeron que los varones elegían ver personajes masculinos en la televisión mientras las mujeres elegían personajes de ambos géneros. A pesar de que su análisis fue exploratorio, es interesante tener en cuenta cómo la investigación en ciudades y países muy distantes tiende a indicar comportamientos similares en diferentes partes del mundo.

McQuillan y O'Neill (2009) argumentan que, para analizar qué hacen los niños y niñas con los medios y los dispositivos electrónicos, considerando el género como una variable, es necesario entender sus elecciones a través de abordar profundamente lo que dicen que hacen con sus dispositivos y con quienes lo hacen. El contexto es fundamental para entender la densa red de preferencias dentro de la cual los niños y niñas toman sus decisiones de acuerdo a sus oportunidades y restricciones.

En síntesis, la televisión opera como una fuente de consumos, elecciones, personajes y representaciones que se traman con otros consumos similares en otros dispositivos. Los programas de televisión elegidos muestran claramente que los niños y niñas reconocen qué productos están apuntados a ellos y cuáles no. Aun a pesar de que chicos y chicas pueden, obviamente, mirar los mismos programas, cuando se les preguntó públicamente por sus preferencias, sus respuestas divergieron sobre las líneas de género. El estudio piloto permitió precisar y mejorar las herramientas de investigación iniciales para incluir al género no sólo como una variable, sino como una forma a través de la cual los niños y niñas crean su propio mundo frente a otros utilizando sus palabras, elecciones y acciones.

En la actualidad, hay una fuerte (y sin embargo reciente) tendencia a cuestionar la relación entre género, juguetes y juegos. "El rosa es sólo para las chicas" ha sido reconocido y denunciado como una construcción estereotípica y es analizada, en algunas escuelas e instituciones, como una construcción social a desarmar (Duek, 2012). "Los colores no tienen género" es uno de los *slogans* que surgen de este trabajo y algunos de los productores locales de juguetes han empezado a comunicar esto a sus potenciales consumidores. Pero, aun cuando estos son esfuerzos genuinos para cambiar la conversación, éstos no impactan sobre las principales marcas y compañías de juguetes o sobre las representaciones globales de chicos y chicas y sus juegos.

Brougère (2014) propone la noción de "cultura lúdica" para reflexionar sobre las elecciones y preferencias que hacen los niños y niñas, no sólo en juegos y juguetes sino también en todo lo que se relaciona a las actividades de su tiempo libre. Los niños y niñas construyen la "cultura lúdica" a partir de jugar con otros y consigo mismos, dice Brougère. Esta es la razón por la cual el análisis de la "cultura lúdica" no puede ser separado del contexto mayor en el cual los niños y niños experimentan sus vidas (Thompson, 1995). Observar, manipular objetos e intercambiar, son algunas de las dimensiones centrales que se construyen y comparten en la cultura lúdica.

Adicionalmente a los personajes de programas de televisión mencionados, los informantes nombraron una serie de juegos y juguetes que les gustan. Juegos de mesa y juguetes de películas y programas de televisión aparecieron con mayor frecuencia en sus preferencias. "Me gusta jugar al dominó de Ben 10" dijo un chico, nombrando un juego tradicional (Aizencang, 2005) con un cambio superficial vinculado a un personaje de televisión. Duek y Enriz (2016) identificaron diferentes juegos tradicionales que fueron modificados superficialmente utilizando personajes contemporáneos. Las formas de jugar estos juegos se mantienen sin cambios, pero su imagen y diseño son modificados para incluir otros atractivos.

Un reporte de la Cámara Argentina de Juegos y Juguetes indicó que los juguetes y juegos con licencias eran los más vendidos en el país[3]. La licencia nace cuando los productores usan la imagen de un personaje de película o programa de televisión en sus productos, siguiendo una inversión financiera concreta de un productor de juegos y juguetes. Las estadísticas muestran que el mismo producto sin la licencia no se vende tanto como el que la tiene. El cambio superficial (se modifica la estética de las piezas o del tablero pero no la forma de juego) se explica por las ventas: los niños y niñas (y los adultos que pagan) prefieren juegos y juguetes que incorporan a sus personajes favoritos en lugar de otros con el mismo nombre y lógica pero sin la imagen de referencia (Buckingham, 2000).

Una respuesta equivalente se da en el caso de páginas web. Los chicos y chicas dijeron que prefieren jugar juegos online que contenían a sus personajes favoritos. Los sitios de Cartoon Network, Nickelodeon, Disney Junior, XD, Channel y Discovery Kids figuran como los más visitados. Los niños y niñas los valoran porque tienen juegos (que ellos describen como básicos y simples) que incluyen a sus personajes favoritos de la televisión y el cine.

Los medios y el mercado presentan diferentes personajes y desarrollan líneas de *merchandising* alrededor de ellos. Desde mochilas hasta anotadores y prendas de vestir, si los chicos y chicas quieren estar en sintonía con el personaje del momento pueden comprar (o hacer que los adultos les compren) todo lo que quieran. Hay una red de objetos, productos, accesorios y ropa que está permanentemente actualizada para ajustarse a las últimas tendencias y preferencias. Y, como mencionamos, esta preferencia de personajes comienza frecuentemente en televisión, como identificó Sepulchre (2009). Aun cuando la televisión parece estar desplazada del centro del consumo mediático (Linn, 2004; Schoor, 2006), continúa operando como la principal fuente de personajes, programas y *merchandising* (Steinberg and Kinche-

---

3. Se puede acceder al informe en http://infojuguetes.com.ar/category/licencias/.

loe, 1997). La existencia de una gran red de objetos y productos alrededor de programas de televisión ubica a ésta dentro del juego contemporáneo.

Para los niños y niñas, los programas son la manera de llegar a conocer juguetes y juegos que van a ser parte de sus vidas sociales como el resultado de una doble influencia. La primera es seguir las modas, los programas favoritos aparecen en las interacciones de chicos y chicas y en grupos organizados (Salgado Carrión, 2006). Esta es la dimensión que más reconocieron los entrevistados. Por supuesto que esta afirmación no implica que todos lo hagan ni que a todos les gusten las mismas cosas: se trata de identificar cómo perciben los chicos y chicas las modas y tendencias que aparecen y se despliegan a su alrededor de manera cotidiana. La segunda influencia vincula pasado y presente: los dominós de Ben 10 refieren al presente (el programa de televisión y el *merchandising*), pero permiten a los chicos y chicas mantenerse en sintonía aun cuando están jugando un juego tradicional. Así es como Duek y Enriz (2016) identificaron esta nueva transformación superficial de juegos tradicionales: las dinámicas no cambian pero la percepción de los niños y niñas es transformada en tanto valoran la presencia de sus personajes favoritos en todos los espacios posibles. En investigaciones futuras, un posible aspecto clave que podría permitir identificar esta percepción es que los niños y niñas construyen juegos idénticos con diferentes licencias.

Dispositivos, tecnología y juego

La segunda instancia de la investigación consistió, como mencionamos previamente, en realizar entrevistas con niños y niñas en sus casas. Las preguntas estaban orientadas a obtener información sobre los usos y apropiaciones que chicos y chicas realizan de dispositivos y redes sociales. Los niños y niñas que fueron entrevistados indicaron que deseaban tener su propio teléfono celular. La mayoría de ellos utilizaba los teléfonos celulares de sus padres y algunos tenían su propio teléfono personal. De los 38 chicos y chicas entrevistados, sólo 5 tenían sus propios teléfonos celulares. En los testimonios de estos cinco chicos, el objeto más preciado era su teléfono. Asimismo, dijeron que la gente puede hacer de todo con ellos, pero que estar en contacto con sus amigos era, en su opinión, el aspecto más importante. El análisis de estas respuestas es la parte principal de los resultados de investigación que se presentan en las páginas siguientes.

En el reporte anual de 2016 presentado por Statista[4], se menciona que Facebook tendría 20.29 millones de usuarios argentinos. Eso significa que la mitad de la población existente tiene una cuenta en la plataforma. En 2015, el 62% de la población local usaba redes sociales[5]. Aun cuando Facebook es el sitio más popular en Argentina, otras aplicaciones y plataformas también están presentes, activas (y en crecimiento): WhatsApp, Google Plus, Twitter, Snapchat, Instagram, LinkedIn y Pinterest son algunos de los sitios más populares. Los usuarios con acceso a dispositivos y conectividad eligen redes sociales y sus plataformas como una manera de mantenerse en contacto (Benítez Larghi y Duek, 2016).

Respecto de su relación con dispositivos, aplicaciones y redes sociales, el primer dispositivo que los niños y niñas mencionaron fue el teléfono celular (Castells identificó la misma línea de respuestas en 2007). Para el momento de las entrevistas, los chicos y chicas tenían entre 7 y 9 años y afirmaron que sus padres decían que "son muy chicos para tener sus propios teléfonos celulares". Todos ellos valoraban la convergencia tecnológica del dispositivo:

> "Lo que me encanta de los teléfonos es que podés hacer todo ahí: podés jugar, chatear, hacer tu tarea, mirar una película… es taaaaan genial". (Tomás, 8).

Los teléfonos celulares aparecieron como el objeto más deseado en el mundo de los niños y niñas. Tanto los chicos como las chicas utilizaron la entrevista para describir sus preferencias de modelos, aplicaciones, espacio de almacenamiento y diferentes aspectos vinculados al uso de teléfonos celulares que mostraban cuán interesados estaban en los dispositivos y cuánto sabían sobre sus funciones y potencial. Todos los participantes ya habían usado los teléfonos de sus padres o madres para jugar

---

4. https://www.statista.com/statistics/282333/number-of-facebook-users-in-argentina/.

5. https://www.statista.com/statistics/284401/argentina-social-network-penetration/.

en Facebook (cuando tenían permitido usar las cuentas de sus padres) pero aún distaban de tener su teléfono propio.

Los 38 niños y niñas que fueron entrevistados tenían todos cuentas de Facebook aun cuando "legalmente" no estaba permitido (todos dijeron haber cambiado sus fechas de nacimiento para ser "mayores" de 13). Asimismo, afirmaron haber tenido largas negociaciones con sus padres para obtener el permiso (ver Duek, 2014) y, al final, a todos se les permitió abrir la cuenta. La mayoría de ellos también poseía una cuenta de Instagram, pero no podían usarla para postear públicamente; en su lugar la usaban para enviar fotos a sus amigos y amigas a través de mensajes directos. Facebook era, en suma, el sitio más deseado y usado por los informantes en el momento de la entrevista. Cuando se les preguntó por sus usos de Facebook las respuestas más representativas fueron:

> "Me encanta Facebook porque juego con mis amigos y sé cuándo gano, cuándo estoy más alto en un ranking que un amigo. Es divertido, yo no lo uso para postear cosas o chatear, me conecto en Facebook para jugar... ¿Mi juego favorito? 'Subway Surfers'. Cambia todo el tiempo y es super divertido". (María, 9 años).

> "Yo uso Facebook sólo para jugar. No tengo una consola así que juego juegos de Facebook con amigos. Juego 'Candy Crush' y 'Candy Crush Soda' todo el tiempo. Soy el tercero en el ranking de mis amigos. Realmente espero ser el número uno algún día. Roberto es el número uno... pero creo que su hermano lo ayuda". (Ramiro, 8 años).

María y Ramiro son dos ejemplos de las respuestas recibidas. Los chicos y chicas indicaron que usaban Facebook como una plataforma de juegos. Jugaban solos, pero a través de los juegos competían con amigos. Al analizar los juegos en Facebook, Tourn (2013) encontró que competencia y exhibición eran las dos características más valoradas. Los chicos y chicas prefieren jugar en Facebook en tanto les permite mostrar su desempeño a otros y ocupar un lugar específico en un ranking[6] y es por ello

---

6. Cantora y Molinari (2012) analizaron "Club Penguin" y "Mundo Gaturro", dos de las plataformas de juegos para chicos que están presentes en Argentina y

que el uso privilegiado que le dan a la red social es para jugar. Ninguno de los entrevistados mencionó los usos "previstos" de Facebook en tanto red social.

Facebook automáticamente construye un ranking entre los jugadores conectados: así es como cada usuario conoce qué tan bien o mal les fue en un juego en comparación con sus amigos. Los niños y niñas fueron consultados sobre qué elegirían si pudieran jugar el mismo juego en o fuera de Facebook:

> "Yo elegiría Facebook porque es divertido cargar a tus amigos y esforzarte por ser el número uno entre mis amigos". (Marta, 8 años).

> "Facebook 1000%. El mejor. Los juegos están 'ok' pero lo mejor es estar conectado con amigos y jugar con ellos". (Tamara, 9 años).

Facebook permite un "plus": la competencia con amigos además de exhibición de rendimiento. Estos son dos aspectos clave de los juegos contenidos en la plataforma. Jugar en Facebook es una actividad que demanda recursos adicionales: vidas extra, pociones, accesorios e ítems de curación y construcción para granjas y mascotas son enviados y recibidos entre amigos (Kirkpatrick, 2010; Levis, 2014).

Tamara reconoció que los juegos están "ok" (es decir, "no geniales") pero ella valora especialmente la posibilidad de interactuar y competir con otros a través de la plataforma. Estar en contacto y jugar (solos pero) con amigos es la razón más mencionada para elegir Facebook. Exploremos este razonamiento, considerando las contribuciones de Turkle y Pahl. Turkle (2011) afirma que cada vez más estamos en contacto con otros a través de redes sociales y, en ese cambio, construimos expectativas alrededor de las interacciones y la plataforma, desplazando las expectativas relativas al contacto directo. Turkle no afirma que ya no interactuamos cara a cara; ella identifica una característica muy interesante sobre las redes sociales: estamos cada vez más

---

constituyen principales espacios de juego. No fueron mencionadas frecuentemente en las entrevistas pero cada informante conocía la existencia de las plataformas y afirmaron que jugaron ambas al menos una vez.

solos a la vez que percibimos que tenemos varias redes de contactos con interacciones constantes y anécdotas diarias. El concepto de "juntos en soledad" (*alone together*) construido por Turkle permite explicar las palabras de los niños y niñas entrevistados. Pahl (2002), por su parte, afirma que la amistad contemporánea necesita ser constantemente redefinida, reflejando el hecho de que niños y niñas sólo están activos en algunas plataformas y contextos. Esta es la razón por la cual, para los informantes, no es lo mismo jugar en o fuera de Facebook: demostrar el desempeño a otros en grupos de amigos es un aspecto de la plataforma altamente valorado por los chicos y chicas.

Jugar en Facebook es, de acuerdo a los informantes, una forma diferente de interactuar. No se trata *del juego*: los chicos y chicas no valoran la calidad de los juegos, ni las dinámicas, ni las historias; lo que los atrae es la combinación de la exhibición y la competencia que Facebook permite (como lo identificó Tourn, 2013). Jugar parece estar desplazado por la posibilidad de estar constantemente en contacto con amigos. De esta manera, Facebook es parte de una vasta red que chicos y chicas naturalmente usan y de la que se apropian de diversas formas: chatean, interactúan, y habilitan nuevos vínculos a través de la conexión. Las redes sociales, los sitios web, las plataformas y los chats se combinan en una trama de interacciones con diferentes características:

> "Yo tengo Instagram, Facebook y Facebook Live. Yo siempre hablo con la misma gente... A veces chateo con mi tío que vive en Neuquén a 1200 kilómetros de acá... No es lo mismo chatear que jugar o mandar una foto por mensaje directo. Yo sé que puedo mandar una foto por Facebook pero... no hago eso. Yo uso Instagram para las fotos, Facebook Live para chatear y Facebook para jugar y publicar en mi muro los resultados y cosas que me gustan". (Martín, 8 años).

Martín explicó las formas en las que él usa diferentes plataformas para interactuar con la misma gente e introdujo la posibilidad de chatear con su tío aunque los principales usos estaban definidos por la plataforma que utilizaba para esa interacción. Él afirma "no es lo mismo", indicando que cada espacio tiene diferentes sentidos y maneras de usarse. La interpretación de Martín de los usos y posibilidades de cada plataforma muestra las maneras en las que el acceso a dispositivos contribuye en la construcción de significados por parte de los usuarios. La tecnología nunca es neutral y juega un gran rol en construir relaciones y posibilidades a la vez que impone límites de uso y formas de apropiación (Becerra, 2015).

Los diferentes usos de las plataformas y redes sociales explican la "necesidad" que muchos de los informantes sentían respecto del uso de las redes. Ellos indicaban que *necesitaban* tener un Instagram y una cuenta de Facebook para no quedarse afuera de los grupos de amigos. La ansiedad alrededor de la necesidad de tener un teléfono celular y poder usar Whatsapp es significativa. Muchas discusiones con padres aparecieron en los testimonios. Rocío (8) afirma que ella tenía ahorros suficientes para comprar un teléfono celular pero sus padres no se lo permitieron. Ella decía que era injusto, pero no había logrado cambiar la forma de pensar de sus padres.

La relación entre los medios de comunicación, las redes sociales, los dispositivos y el juego fue analizada en un intento de clarificar los usos y apropiaciones que los chicos y chicas realizan de las tecnologías disponibles, y a la vez para entender la construcción de deseos y expectativas vinculados a la conectividad y a las expectativas sociales (y compartidas) entre pares (Cassell y Jenkins, 1998; Kafai et al., 2008).

Estar *online* y tener diferentes cuentas en redes sociales es actualmente una gran parte de la construcción de lazos sociales. Los juegos digitales ocupan un rol significativo en relación con las redes sociales. Facebook era la red social más utilizada por parte de los informantes pero era usada casi exclusivamente para jugar. Ha sido interesante entender cómo, a partir de diversos estímulos, los chicos y chicas identificaron que su uso de Facebook no lo valoraban *per se* sino por los beneficios sociales que hacía posible. Ser el número uno entre los amigos en un juego, y poder exhibir los resultados del desempeño, fueron dos de las razones más mencionadas por los participantes al hablar de estar *online*. El juego y la visibilidad parecen ser inseparables en tanto aspectos complementarios a ser analizados en futuras investigaciones sobre juegos, competencias y plataformas digitales.

Conclusiones

El artículo presentó resultados parciales de una investigación llevada a cabo en Buenos Aires. Mientras el principal foco de la investigación era vincular los juegos y el jugar, conversar con participantes introdujo algunos elementos claves.

El análisis mostró que los juegos de chicos y chicas estaban vinculados principalmente a dos redes: la primera impulsada por la televisión y la segunda por las redes sociales, especialmente Facebook. La noción de *red* aparece aquí para mostrar cómo los medios no se construyen únicamente alrededor de un dispositivo sino que se conciben como un conglomerado de diferentes tecnologías que, a partir de diversos canales de interacción y comunicación, facilitan el contacto entre los chicos y chicas y sus programas y personajes preferidos.

La primera red estaba impulsada por programas de televisión y sus personajes y productos asociados. Los personajes y representaciones hechas en y a través de la programación de televisión operan activamente en los juegos que los chicos y chicas eligen y en las modas que siguen. Los juegos de mesa con personajes (con licencia) ocupan un lugar central en las vidas cotidianas de los chicos y chicas entrevistados. De esta red, los chicos y chicas valoran la oportunidad de mantenerse en sintonía con los personajes y programas que siguen a través de sitios web, videojuegos, ropa, útiles escolares, juegos y otros productos asociados.

Esta red está organizada por y a través del mercado global que ofrece productos para niños y niñas. El rol principal del mercado global de crear una relación entre chicos y chicas y los juegos y juguetes no es nuevo; lo que resulta novedoso es la escala y el alcance de los mensajes que les llegan a los chicos y chicas simultáneamente mediante todas las plataformas. Esta es la razón por la cual no sorprende que los chicos y chicas prefieran el dominó de *Ben10* al dominó común: hay un "plus" que viene con los personajes que están asociados a los productos de las licencias. Los dominós de *Ben10* no son para nada como los dominós de *La Doctora Juguetes*, ya que éstos son considerados un producto sólo para chicas, en las palabras de los entrevistados. Los objetos dicen muchas cosas acerca de sus propietarios y estos mensajes construyen, de diversas maneras, las representaciones de la vida social de chicos y chicas y los modelos a seguir que éstos estructuran alrededor de los personajes que prefieren. Esto explica, en parte, las elecciones que los informantes hacían al decidir sus personajes y programas de televisión favoritos, frecuentemente en una estrecha relación a estereotipos de género y a expectativas sociales sobre los comportamientos de niños y niñas.

La segunda red está compuesta por redes sociales y principalmente, por Facebook. Cuando se les consultó sobre redes sociales, chicos y chicas afirmaron que Facebook era su lugar favorito para jugar *online*. Aun cuando los informantes decían que los juegos en sí no eran especialmente importantes, la posibilidad de jugar y, a la vez, mantenerse en contacto con amigos, parecía apuntalar su decisión de elegir Facebook por sobre otras maneras de jugar juegos *online*. Rankings, competición y exhibición fueron identificados como el valor que esta red ofrece a sus usuarios. Chicos y chicas entre siete y nueve años nacieron en un mundo en el que los teléfonos celulares y la comunicación 24/7 (24 horas, 7 días a la semana) son percibidos como normales dentro de hogares y familias conectadas. No resulta sorprendente que la generación que "nació conectada" valore ampliamente la posibilidad de jugar, mostrarse y competir con amigos.

La hipótesis que organizó esta investigación sugería que las nuevas plataformas y redes sociales (como videojuegos, Facebook o Instagram) ocupaban un lugar central en la vida y sociabilidad de chicos y chicas, y que existen formas particulares en las que ellos utilizan cada plataforma. Es decir, que juegos y redes sociales son una parte crucial de la vida de los niños y niñas, no sólo en sus usos sino también en las maneras en que grupos específicos de chicos y chicas otorgan sentido a las apropiaciones, preferencias y anhelos.

Aun cuando la hipótesis era general, las respuestas que surgieron del trabajo de campo fueron particulares. Los chicos y chicas continúan jugando y valoran jugar con otros, tanto cara a cara como a través de dispositivos. Al mismo tiempo, asocian los juegos digitales con socializar *online* y con estar conectados. Esto resulta interesante porque una de las principales características de los juegos *online* es que se juegan individualmente, están organizados por un algoritmo de una pantalla/una persona pero parten de una grupalidad conectada que los complementa. Estos juegos, para los chicos y chicas entrevistados, se jugaban individualmente *pero* eran usados como una fuente de conversaciones, intercambios y burlas dentro de su grupo de amigos. En otras palabras, elegían jugar de maneras en las que compartir incluía la posibilidad de competir, de estar en el mismo ranking y tabla de posiciones y de mostrarles a los demás qué tan bien o mal les iba en los juegos.

Es interesante resaltar que los juegos son *jugados* individualmente, *utilizados* socialmente y *exhibidos* como un logro personal. La visibilidad, como sostiene Boyd (2016), explica la mayoría de las acciones contemporáneas en redes sociales. Ella afirma que las maneras en que manejamos la visibilidad moldearán las futuras generaciones. Los chicos y chicas de este estudio son conscientes de cómo la visibilidad da forma a su cotidianeidad en tanto se desempeñan frente a otros. Y, en este sentido, diferencian qué red social utilizan para enviar fotos, jugar, chatear, o conectarse con sus pares. Cada grupo social construye significado sobre sus prácticas. La Internet y los nuevos dispositivos asociados a ella aparecen como una puerta de entrada a un mundo que los chicos y chicas desean, imaginan y construyen.

En 1969, Opie y Opie publicaron *Children's Games in Street and Playground,* un libro clásico que fue re-editado y re-publicado en dos volúmenes (2008a y 2008b). Luego de muchos años de observación e investigación los Opie construyeron una especie de *repertorio* de juegos de niños y niñas y de las maneras en las que juegan entre ellos. Sus resultados se centraron tanto en las escuelas como en las calles. Casi 50 años después de la publicación del *repertorio* de Opie y Opie, y considerando los resultados de las investigaciones realizadas en los últimos 20 años, si fuéramos a construir un repertorio contemporáneo de juegos, éste debería incluir a las redes como un espacio en el que se construyen juegos y personajes, reconociendo a los dispositivos digitales y a las redes sociales como las principales fuentes desde las cuales los chicos y chicas construyen sus juegos e interacciones sociales. Juguetes y juegos con los personajes favoritos aparecen como un aspecto clave en las entrevistas, mientras que las escuelas no fueron mencionadas en absoluto en relación con el juego o con alguna dimensión lúdica identificable por los informantes. Resultará interesante profundizar, en futuras indagaciones, la investigación sobre el rol que la escuela ocupa en las vidas de los chicos y chicas de Argentina en relación con el jugar y los juegos, y las maneras en las que las modas y preferencias se modifican.

Jugar es una actividad crucial que necesita ser analizada en profundidad y en diversos contextos, identificando a los actores, a las empresas, a las instituciones y a los sujetos que construyen discursos a su alrededor. Asimismo, resulta también indispensable escuchar lo que los chicos y chicas dicen sobre los significados de sus prácticas y de sus apropiaciones de objetos, plataformas y dispositivos. En este doble enfoque es donde radica la clave para abrir nuevas líneas de investigación.

Capítulo 14
Diálogo con Francesco Tonucci

Te invitamos a escuchar y ver el diálogo que tuvimos con Francesco Tonucci acerca del jugar.

Se pueden ver más contenidos audiovisuales a través del siguiente anexo digital

https://germyd.wixsite.com/miradas-y-escuchas/cap14

Referencias bibliográficas

Aberastury, A. (1984). *Teoría y Técnica del psicoanálisis de niños.* Barcelona: Paidós Ibérica.

Aberastury, A. (1998). *El niño y sus juegos.* Buenos Aires: Paidós.

Agamben, G. (2005a). *Infancia e historia, destrucción de la experiencia y origen de la historia.* Buenos Aires: Adriana Hidalgo Editora.

Agamben, G. (2005b). *Profanaciones.* Buenos Aires: Adriana Hidalgo Editora.

Aizencang, N. (2005). *Jugar, aprender y enseñar. Relaciones que potencian los aprendizajes escolares.* Buenos Aires: Manantial.

Akoschky, Judith (2017). *Experiencias musicales en el nivel inicial.* Rosario: Ed. Homo Sapiens.

Albero Andrés, M. (1996). "Televisión y contextos sociales en la infancia: hábitos televisivos y juego infantil", en *Revista Comunicar*, vol. IV, nº 6, 1º semestre, 1 marzo 1996 (pp. 129-139).

Alejandro Ariel / Carlos Cobas (1989). *Arte y Psicoanálisis - El estilo y los límites.* Ed. Catálogos.

Alonso, H. (2004). *La simbolización como proceso.* Trabajo presentado en el Colegio de Psicoanalistas. Buenos Aires: Argentina.

Altmann de Litman, M. (2015). *Encuentros clínicos madre-infante. Estructuras relacionales subyacentes en procesos terapéuticos.* Buenos Aires: Ediciones Biebel.

Anzieu, D. (1990) [1987]. *Las envolturas psíquicas.* Buenos Aires: Amorrortu editores.

Artaloytia, J.F. (2014). "Lo intrapsíquico y lo interpsíquico: introducción al tema monográfico", en *Revista de Psicoanálisis, Asociación Psicoanalítica de Madrid*, 71.

Auglanier, P. (1980). *Los destinos del placer Alienación, amor, pasión.* Buenos Aires: Paidós psicología profunda.

Aulagnier, P. (1975). *La violencia de la interpretación.* Buenos Aires: Amorrortu editores.

Austin, J.L. (1998). *Cómo hacer cosas con las palabras.* Barcelona: Paidós.

Azzerboni, Delia (2021). *La creatividad en las escuelas infantiles. Propuestas didácticas desde las ciencias, las artes y la expresividad lúdica.* Buenos Aires: Novedades Educativas.

Balint, M. (1961). *El medico, el paciente y la enfermedad.* Buenos Aires: Libros Básicos.

Balsano, S., Marcovich, C. & Vazquez, G. (1993). *Psicoprofilaxis quirúrgica. Un aporte a la prevención en salud mental.* Buenos Aires: Centro Argentino de Psicoprofilaxis Quirúrgica.

Baquero, R. (1997). *Vigotsky y el aprendizaje escolar* (pp. 143-147). Buenos Aires: Aique.

Becerra, M. (2015). *De la concentración a la convergencia. Políticas de medios en Argentina y América Latina.* Ciudad Autónoma de Buenos Aires: Paidós.

Becher de Goldberg, D. & Rinaldi, G. (2000). "Preparación psicoterapéutica en cirugía caridiovascular infantil", en Aberastury, A., *El psicoanálisis de niños y sus aplicaciones.* México: Paidós.

Beebe, B., Rustin, J., Sorter, D. & Knoblauch, S. (2008). "An Expanded View of Intersubjectivity in Infancy and its Application to Psychoanalysis", en *Psychoanalytic Dialogues*, 13, 805-841.

Beltrán Llera, J. & Bueno Álvarez, J.A. (1995). *Psicología de la Educación*. Barcelona: Editorial Boixareu Universitaria.

Benítez Larghi, S. & Duek, C. (2016). "Uso y apropiación de Tecnologías de la Información y de la Comunicación. Una aproximación a su investigación en la Argentina", en Grillo, M. y Pappalini, V. (eds.), *Investigación sobre consumos culturales en Argentina* (pp. 209-235). Buenos Aires: Programa PISAC.

Benjamin, W. (1933). *Experiencia y pobreza. Discursos interrumpidos I*. Madrid: Taurus.

Berenstein, I. (2004). *Devenir otro con otro(s): ajenidad, presencia, interferencia*. Buenos Aires: Paidós.

Bion, W. (1962). *Aprendiendo de la Experiencia*. Buenos Aires: Ed. Paidós.

Bleichmar, S. (2000). *Clínica Psicoanalítica y Neogénesis*. Buenos Aires: Amorrortu Editores.

Bleichmar, S. (2008). *Violencia Social, Violencia Escolar. De la puesta de límites a la construcción de legalidades*. Buenos Aires: Editorial Noveduc.

Bordeloisse, I. (2003). *La palabra Amenazada*. Buenos Aires: Libros del Zorzal.

Bourdieu, P. (1999). *La miseria del mundo*. Buenos Aires: FCE.

Bourdieu, P., Chamboredon, J.C. & Passeron, J.C. (2002). *El oficio del sociólogo*. Buenos Aires: Siglo XXI.

Boyd, D. (2016). "Do you see what I see? Visibility through social media", en Greenhow, C., Sonnevend, J. & Agur, C. (eds.), *Education and social media. Toward a digital future* (pp. 49-60). Boston: MIT Press.

Brougère, G. (2013). "El niño en la cultura lúdica", en *Revista Lúdicamente*, nº 4. Buenos Aires (pp. 10-19).

Bruner, J. (2003). "Juego, pensamiento y lenguaje". Recuperado el 18 de marzo de 2019 de: http://educamosjuntos.univalle.edu.co/descargables/Juegopensamientolenguaje.pdf.

Buckingham, D. (2000). *After the death of childhood. Growing up in the age of electronic media*. Cambridge: Polity Press.

Buckingham, D. (2007). "Selling childhood? Children and consumer culture", en *Journal of Children and Media*, vol. 1, nº 1 (pp. 15-24). London: Taylor and Francis.

Buckingham, D. (2011). *The Material Child: Growing up in Consumer Culture*. Cambridge: Polity Press.

Bustelo, E. (2007). *El recreo de la infancia - argumentos para otro comienzo*. Buenos Aires: Siglo XXI.

Buttler, J. (2007). *El género en disputa. El feminismo y la subversión de la identidad*. Cap.3. Actos corporales subversivos. Barcelona: Paidós.

Calmels, D. (2005) [2004]. *Juegos de Crianza. El juego corporal en los primeros años de vida*. Buenos Aires: Editorial Biblos.

Calmels, D. (2009). *Infancias del Cuerpo*. Buenos Aires: Puerto creativo.

Calmels, D. (2012). *Fugas. El fin del cuerpo en el comienzo del milenio*. Buenos Aires: Biblos.

Calmels, D. (2018). *El juego corporal*. Buenos Aires: Paidós.

Calvo, D. (2017). "Jugar por jugar en el encuentro con personas con discapacidad", en *Revista Itinerarios* (digital). https://itinerariosdigital.wordpress.com/.

Cantora, A. & Molinari, L. (2012). *Jugar a "Mundo Gaturro". Acerca del juego, la exhibición y el consumo en la pla-*

taforma online. Tesina de Grado en Ciencias de la Comunicación. Buenos Aires: UBA.

Cañeque, H. (1993). *Juego y Vida . La Conducta lúdica en el niño y el adulto*. Buenos Aires: El Ateneo.

Cassell, J. & Jenkins, H. (1998). *From Barbie to Mortal Kombat. Gender and computer games*. Boston: MIT Press.

Castells, M. (2007). *Comunicación móvil y sociedad, una perspectiva global*. Madrid: Ariel-Fundación Telefónica.

Castoriadis, C. (1999). *La Institución Imaginaria de la Sociedad*. Buenos Aires: Tusquets.

Castoriadis, C. (2002). *Figuras de lo pensable. (Las encrucijadas del laberinto VI)*. México: Fondo de Cultura Económica.

Center of the Developing Child (2011). "A guide to toxic stress". EE.UU.: Harvard University.

Clarín (2015). "Facundo Manes: hay que aburrirse más". Entrevista realizada por Julieta Roffo para el *Diario Clarín*, publicada el 10 de mayo de 2015. Buenos Aires, Argentina.

Coll, C. (1993). "Naturaleza y planificación de las actividades en el parvulario", en *Aprendizaje escolar y construcción del conocimiento*. Buenos Aires: Paidós.

Collado Vázquez, S. (2005). "Desarrollo de la Marcha", en *Biociencias, Revista de la Facultad de Ciencias de la Salud*, vol. 3. Madrid: Universidad Alfonso X el Sabio.

Córdova, A. (2014). *Reparación y su relación con el cambio psíquico en la obra de Melanie Klein*. Departamento de Psicología, Facultad de Ciencias Sociales, Universidad de Chile.

Corral, María Teresa (1982). *Hiro Nakamura, Pepa Vivanco y Laura Devetach*. Buenos Aires: Ed. Ricordi.

Cossetini, Olga y Leticia. Video: *La escuela de la señorita Olga*.

Dayeh, C. (2004). *¿De qué simbolización hablamos?* Trabajo presentado en el Colegio de Psicoanalistas. Buenos Aires, Argentina.

Deleuze, G. (1990). *¿Qué es un dispositivo?* Varios autores en *Michel Foucault filósofo*. Barcelona: Gedisa.

Deleuze, G. y Guattari, F. (1997). *Mil Mesetas*. España: Pre-Textos.

Denzin, N. & Lincoln, Y. (2003). *Strategies of Qualitative Inquiry*. New Delhi and London: Sage and Thousand Oaks.

Derrida, J. (1977). "Cierta posibilidad imposible de decir el acontecimiento". *Seminario: Decir el acontecimiento ¿es posible?* Realizado en el Centro Canadiense de Arquitectura, el 1 de abril de 1997. Traducción de Julián Santos Guerrero, Edición digital de Derrida en castellano.

Derrida, J. (1989). *La escritura y la diferencia*. Barcelona: Anthropos.

Dhoest, A. & Simons, N. (2016). "Still 'Watching' TV? The Consumption of TV Fiction by Engaged Audiences". *Media and Communication* (ISSN: 2183-2439), vol. 4, Issue 3 (pp. 176-184). Lisbon: Portugal.

Dio Bleichmar, E. (2005). *Manual de psicoterapia de la relación padres e hijos*. Buenos Aires: Ed. Paidós. 1a edición.

Diseño Curricular para la Educación Inicial GCABA (2000). *La organización de las actividades* (pp. 34-38).

Dolar, Mladen (2007). *Una voz y nada más. Lingüística de la voz*. Buenos Aires: Ed. Bordes Manantial.

Duek, C. (2012). *El juego y los medios – autitos, muñecas, TV y consolas*. Buenos Aires: Ed. Prometeo Libros.

Duek, C. (2013). *Infancias entre Pantallas. Las Tecnologías y los Chicos*. Buenos Aires: Editorial Capital Intelectual.

Duek, C. (2014). *Juegos, juguetes y nuevas tecnologías*. Buenos Aires: Capital Intelectual.

Duek, C. & Enriz, N. (2016). "Los juegos y los niños: Transformaciones, continuidades y apropiaciones", en *Cadernos de Pesquisa Interdisciplinar em Ciências Humanas*, vol. 16, nº 108, jan./jun. (pp. 62-74). Universidad Federal de Santa Caterina, Florianópolis, Brasil.

Duhalde, C., Tkach, C., Esteve, J., Huerin, V., Schejtman, C.R. (2011). "El jugar en la relación madre-hijo y los procesos de simbolización en la infancia", en *Anuario de investigaciones de la Facultad de Psicología UBA*, vol. XVIII, año 2011.

Duhalde, C., Herzberg, F., De Simone, M., Martínez, S.R., De Schejtman, C. (2016). "Estudio del Juego Adulto-Niño en Edad Preescolar. Diferentes Sistemas de Observación", en *Anuario de Investigaciones*, vol. XXIII (pp. 261-269). Facultad de Psicología, Universidad de Buenos Aires.

El País (2010). "Morirá con el delantal puesto", reportaje de Borja Hermoso al chef Juan Mari Arzak para el diario digital *El País*, 28 de marzo de 2010.

El País (2016). "Francesco Tonucci: La casa puede ser más peligrosa para el niño que la calle", entrevista realizada por Anatxu Zabalbeascoa para el diario *El País*, publicada el 16 de agosto de 2016. Buenos Aires, Argentina.

Enli, G. & Syvertsen, T. (2016). "The End of Television - Again! How TV Is Still Influenced by Cultural Factors in the Age of Digital Intermediaries", en *Media and Communication* (ISSN: 2183-2439), vol. 4, Issue 3 (pp. 142-153). Lisbon, Portugal.

Español, S. (2002). "Un modo particular de concebir el Símbolo y la Ficción", en *La mente reconsiderada: en homenaje a Angel Rivière*. Comp. Ricardo Rosas. Ediciones Psykhe.

Fajn, S. (2017). *Jugar en la primera infancia*. Buenos Aires: Ed. Noveduc.

Federici, S. (2018). *Revolución en punto cero. Trabajo doméstico, reproducción y luchas feministas*. Buenos Aires: Tinta Limón editores.

Feldman, R.S. (2007). *Desarrollo Psicológico a través de la vida*. México: Prentice-Hall.

Ferenczi, S. (1932). "Confusión de lenguas entre los adultos y el niño. El lenguaje de la ternura y de la pasión". Artículo presentado en el XII Congreso Internacional de Psicoanálisis. Wiesbaden.

Fernandez, A.M. (2007). *Las lógicas colectivas. Imaginarios, cuerpos y multiplicidades*. Buenos Aires: Editorial Biblos.

Ferrater Mora, J. (1994). *Diccionario de Filosofía*. Barcelona: Ariel.

Fivaz-Depeursinge, E. y Phillip, D. (2014). *The Baby and the Couple: Understanding and treating young families*. New York: Routledge.

Fogel, A. & Thelen, E. (1987). "Development of early expressive and communicative action: Reinterpreting the evidence from a dynamic systems perspective", en *Developmental Psychology*, 23, 747-761.

Fonagy, P., Steele, M., Steele, H., Leigh, T., Kennedy, R., Mattoon, G. & Target, M. (1995). "The predictive validity of Mary Main's Adult Attachment Interview: A psychoanalytic and developmental perspective on the transgenerational transmission of attachment and borderline states", en Goldeberg, S., Muir, R. y Kerr, J. (eds.), *Attachment Theory: Social, Developmental and Clinical Perspectives*. Hillsdale, NJ: The Analytic Press.

Fonagy, P. & Target, M. (1996). "Playing With Reality: I. Theory Of Mind And The Normal Development Of Psychic Reality", en *International Journal of Psychoanalysis*, 77, 217-233.

Fonagy, P., Target, M., Steele, H. & Steele, M. (1998). "Reflective Functioning Manual, Version 5.0 for Application to Adult Attachment Interviews, University College London". Manuscrito no publicado.

Freire, Paulo (2008). *El grito manso*. Argentina: Siglo XXI.

Freud, S. (1907). *El Poeta y los sueños diurnos*. Trad. López Ballesteros. Ed. Biblioteca Nueva.

Freud, S. (1996) [1905]. "Tres ensayos de teoría sexual", en *Obras Completas*, vol. 7. Buenos Aires: Amorrortu.

Freud, S. (1996) [1917]. "Sobre las trasposiciones de la pulsión, en particular del erotismo anal", en *Obras Completas*, vol. 17. Buenos Aires: Amorrortu.

Freud, S. (2005) [1920]. *Más allá del principio de placer*, O.C. T.XVIII. Buenos Aires: Amorrortu.

Friedman, R.C. (2013). "La Diferenciación Sexual del Juego en la Niñez: Una Perspectiva Psicoanalítica Contemporánea", en *Revista Archivos del Comportamiento Sexual*.

Fukelman, J. (2015). *Ponerse en Juego*. Seminario de Jorge Fukelman en el Círculo Psicoanalítico del Caribe. Texto establecido por Gainza y Lares. Ed. Lumen.

Galeano, E. (2013). "Los niños suelen ser mucho más vivos que nosotros, más inteligentes y más sutiles", entrevista realizada por Pablo Espinosa en *Portal Digital Fundación la Fuente*, publicado el 16 de enero de 2013.

Galperín, S. (1979). "Supuestos básicos del método Juego-Trabajo en Boch, L. y otros", en *Un jardín de infantes mejor, siete propuestas*. Buenos Aires: Paidós.

Gamarra Morgenstern, B. (2014). *Psicología práctica para odontólogos: una visión psicoanalítica*. Buenos Aires: Bookbaby.

Giacobone, A. (2015a). "Esuchar en el decir", en *Musicoterapia en la Infancia*, Tomo 1. Buenos Aires: Ed. Diseño.

Giacobone, A. (2015b). "Lenguaje sonoro. Materia y envoltura", en *Musicoterapia en la Infancia*, Tomo 1. Buenos Aires: Ed. Diseño.

Giacobone, A. (2015c). "Música en la clínica: una escucha musicalizada", en *Musicoterapia en la Infancia*, Tomo 1. Buenos Aires: Ed. Diseño.

Giacobone, A. y Lucastro, L. (2015). "La intersonoridad en los vínculos tempranos: protoconversación y musicalidad primordial", en *Musicoterapia en la Infancia*, Tomo 1. Buenos Aires: Ed. Diseño.

Glaser, B. & Strauss, A. (1967). *The discovery of grounded theory*. Chicago: Aldine.

Goffman, E. (1974). *Frame Analysis*. Boston: Northeaster University Press.

Golse, B. (2013). Conferencia Inaugural. *Jornada Encrucijadas Actuales en Primera Infancia: Coordenadas para Pensar Derechos Impostergables*, organizada por la Sociedad Argentina de Primera Infancia. Buenos Aires, Argentina, abril, 2013.

Grassi, A. & Cordova, N. (2010). *Entre niños, adolescentes y funciones parentales*. Buenos Aires: Editorial Entreideas.

Haraway, Donna (1991). "Situated Knowledges: The Science Queslion in Feminism and the Privilege of Partial Perspective", en *Feminist Studies* 14(3): 575-600.

Hardt, M. y Negri, A. (2005). *Imperio*. Buenos Aires: Paidós.

Harf, R., Pastorino, E. y otros (1996). *Nivel Inicial. Aportes para una didáctica*. Capítulo 6. Buenos Aires: El Ateneo.

Harrison, A. (2008). "Un modelo para la consulta de padres", en Schejtman, C.R. (comp.), en *Primera Infancia: Psicoanálisis e investigación* (pp. 229-251). Buenos Aires: Akadia Editorial.

Hentges, B. & Case, K. (2013). Gender representations on Disney Channel, Cartoon Network and Nickelodeon broadcasts in the United States. *Journal of Children and Media*, vol. 7, n°3 (pp. 319-333). London: Taylor and Francis.

Huerin, V. (2012). "Particularidades del proceso inferencial en la comunicación entre madres oyentes y sus hijos sordos". (Tesis doctoral). Facultad de Psicología, Universidad de Buenos Aires.

Huizinga, J. (1968) [1954]. *Homo Ludens*. Buenis Aires: Emecé Editores.

Huizinga, J. (1972). *Homo Ludens*. Madrid: Ed. Alianza / EMECE.

Iglesias, Luis Fortunato (2004). *Confieso que he enseñado*. Buenos Aires: Papers.

Jullien, F. (2005). *Nourrir sa vie à l'écart du bonheur*. Paris: Le Seuil.

Kafai, Y., Heeter, C., Denner, J. & Sun, J. (2008). *Beyond Barbie and Mortal Kombat. New perspectives on gender and gaming*. Boston: MIT Press.

Kamii, D. (1988). *Juegos colectivos en la primera enseñanza: implicaciones de la teoría de Piaget*. Madrid: Visor.

Keren, M., Feldman, R., Namdari-Weinbaum, I., Spitzer, S. & Tyano, S. (2005). "Relations between Parents' Interactive Style in Dyadic and Triadic Play and Toddlers' Symbolic Capacity", en *Journal of Orthopsychiatry* 75 (4): 599-607.

Keys, J. (2016). "Doc McStuffins and Dora the Explorer: representations of gender, race, and class in US animation", en *Journal of Children and Media*, vol. 10, n°3 (pp. 355-368). London: Taylor and Francis.

Kincheloe, J. & Steinberg, Sh. (eds.) (1997). *Cultura infantil y multinacionales*. Madrid: Morata.

Kirkpatrick, D. (2010). *O efeito Facebook. Os bastidores da história da empresa que conecta o mundo*. Río de Janeiro: Intrínseca.

Klein, M. (1929). *Situaciones Infantiles de Angustia Reflejadas en una Obra de Arte y en el Impulso Creador*. Buenos Aires: Paidós.

Klein, M. (1937). *Amor, culpa y reparación*. Buenos Aires: Paidós.

Kyttä, M. (2004). "The Extent of Children s Independent Mobility and the Number of Actualized Affordances as Criteria of a Child-Friendly Environment", en *Journal of Environmental Psychology*.

Lacan, J. (1964). *Los cuatro conceptos fundamentales*. Seminario 11. Barcelona: Paidós.

Lacan, J. (s/f). "Problemas cruciales del Psicoanálisis". Seminario 12. No publicado oficialmente.

Lachal, L., Asensi, H., Moro, M.R. (eds.) (2008). *Cliniques du jeu. Jouer, rêver, soigner ici et ailleurs*. Grenoble: La pensée sauvage.

Laplacette, J.A. (2012). "Adaptación de un sistema de observación clínico para la evaluación de los estilos maternos de interacción en la infancia", en *Memorias del IV Congreso Internacional de Investigación y Práctica Profesional en Psicología*. Tomo 3 (p. 165). Facultad de Psicología, Universidad de Buenos Aires.

Laplacette, J. & Esteve, M.J. (2012). "Estudio Longitudinal sobre el

Juego en la Infancia", en *Diagnóstico o Estigma? Libro del Congreso de la Asociación Argentina de Salud Menta* (pp. 65-67). Buenos Aires.

Laplacette, J.A., Leonardelli, E. & de Schejtman, C. (2013). "Estilos maternos de interacción en el juego madre-niño preescolar. Aportes de la evaluación microanalítica", en *Anuario de Investigaciones*, vol. XX. Facultad de Psicología, Universidad de Buenos Aires.

Larriva Obregón, M.F. y Rosero Valarezo, E.E. (2012). "La juegoteca como elemento potencializador para el desarrollo intelectual, social, emocional y físico". Ecuador: Universidad Laica Vicente Rocafuerte. Disponible en http://repositorio.ulvr.edu.ec/handle/44000/757.

Lesbegueris, M. (2013). *Niñas Jugando. Ni tan quietas ni tan activa.* Buenos Aires: Biblos.

Lesbegueris, M. (2015). *Las Lógicas de la Formación Corporal.* www.revistadepsicomotricidad.

Lesbegueris, M. (2016). "Contar a las Niñas", en *Jugar en Psicomotricidad. Estudios, análisis, reflexión y prácticas.* Buenos Aires: Revista de psicomotricidad ediciones.

Leslie, A.M. (1987). "Pretense and representation: The origins of theory of mind", en *Psychological Review. American Psychological Association,* 94, 412-426.

Levis, D. (2004). "Videjuegos: lenguajes detrás del juego", en *Revista Comunicación y Pedagogía,* nº 199 (pp. 1-5). Barcelona.

Librería de las Madres de Plaza de Mayo – Asociación Madres de Plaza de Mayo.

Licastro, L. (2009). "Sobre el jugar en las producciones sonoras expresivas", en *Musicoterapia en la Infancia,* Tomo 1. Buenos Aires: Ed. Diseño.

Licastro, L. (2012). "El Tono Maternes y la intervención clínica en Musicoterapia en la infancia", en *Musicoterapia en la Infancia,* Tomo 1. Buenos Aires: Ed. Diseño.

Licastro, L. (2018). *Comunicación personal.*

Lieberman, A.F. (1999). *Negative Maternal Attributions: Effects on Toddlers' Sense of Self Psychoanalytic Inquiry,* 19: 737-756.

Linn, S. (2004). *Consuming Kids. The hostile takeover of childhood.* New York: New Press.

Livingstone, S. & Helsper, E. (2007). "Gradations in digital inclusion: children, young people and the digital divide", en *New Media and Society,* vol. 9, n°4 (pp. 671-696). London: LSE.

Mandelbaum, S. (1998). *Vamos al hospital.* Buenos Aires: Editorial Coquena.

Mantilla, L. (1996). "La Clasificación de los juegos y su práctica regulada y vigilada en torno al género", en *Revista La Tarea.* Guadalajara, México.

Marcovich, C. & Vazquez, G. (1996). *Psicoprofilaxis quirúrgica II: dialogando con el cirujano.* Buenos Aires: Centro Argentino de Psicoprofilaxis Quirurgica.

Marcovich, C. & Vazquez, G. (2005). *Psicoprofilaxis quirurgica III en la infancia: Aspectos técnicos.* Buenos Aires: Centro Argentino de Psicoprofilaxis Quirúrgica.

Marcovich, C. & Vazquez, G. (2017). *Psicoprofilaxis quirurgica IV en la infancia: Relatos clínicos.* Buenos Aires: Centro Argentino de Psicoprofilaxis quirurgica.

Martín-Barbero, Jesús (2003). "Retos culturales de la comunicación a la educación. Elementos para una reflexión que está por comenzar", en *Comunicación, medios y educación*. Roxana Morduchowicz (ed.). Barcelona: Octaedro.

McQuillan, H. & O'Neill, B. (2009). "Gender differences in children's Internet use", en *Journal of Children and Media*, vol. 3, n°4 (pp. 366-378). London: Taylor and Francis.

Minnicelli, M. y Zelmanovich, P. (2012). "Propuesta Educativa 37: Instituciones de infancia y prácticas profesionales, figuras de segregación y dispositivos de inscripción simbólica". FLACSO. Disponible en http://propuestaeducativa.flacso.org.ar/wp-content/uploads/2019/12/dossier_zelmanovich.pd.

Moholy-Nagy, L. (1963). *La nueva visión*. Buenos Aires: Ediciones Infinito.

Moro, M.R. (2007). *Aimer ses enfants ici et ailleurs. Histoires transculturelles.* Paris: O Jacob.

Moro, M.R. (2010). *Grandir en situation transculturelle. Des enfants qui appartiennent à plusieurs mondes.* Paris: Fabert. Publication en espagnolen Argentine en 2019.

Moro, M.R. (2010). *Nos enfants demain. Pour une société multiculturelle.* Paris: O Jacob. Traduction en italien «I nostri bambini domani». Milan: Franco Angeli, 2011.

Moro, M.R., Moro, I. et coll. (2004). *Avicenne l'andalouse. Devenir thérapeute en milieu multiculturel.* Grenoble: La Pensée sauvage.

Mucci, M. (2004). *Psicoprofilaxis quirurgica: una práctica en convergencia interdisciplinaria.* Buenos Aires: Paidós.

Neilsen-Hewett, C. (2015). "Juego y Desarrollo". Artículo publicado en el sitio *www.huggies.com.ar.*

Nunes, A. (2013). "Entre juegos y tareas: Una Etnografía de las actividades cotidianas de los niños...", en *Revista Lúdicamente*, n°4. Buenos Aires.

Opie, I. & Opie, P. (2008a). *Children's Games in Street and Playground, Volume 1: Chasing, Catching, Seeking.* Floris Books.

Opie, I. & Opie, P. (2008b). *Children's Games in Street and Playground, Volume 2: Hunting, Racing, Duelling, Exerting, Daring, Guessing, Acting, Pretending.* Floris Books.

Orduz, R. (2016). "La Capacidad de Asombro: ¿Irrecuperable?". Columna Editorial del *Diario Digital El Espectador*, 25 de julio de 2016.

Ortega, R. (1999). "Jugando se aprende", en *Jugar y aprender. Una estrategia de intervención educativa.* Sevilla: Díada.

Pahl, R. (2002). *Sobre la amistad.* Madrid: Siglo XXI.

Palao Puche, J. (s/f). "La Función del Dibujo como Encuadre y Sostén en Terapia de Niños". Publicado en el sitio *www.centropsicoanaliticomadrid.com.*

Pavan, Valeria (comp.) (2016). *Niñez Trans – Experiencia e reconocimiento y derecho a la identidad.* Los Polvorines: Ed. UNGS.

Pavlovsky, E. (1999). *Micropolíticas de la resistencia I Seminario de Análisis Crítico de la realidad argentina 1984-1999.* Buenos Aires: Eudeba.

Pelento, M.L. (1992). "Duelo y trastornos psicosomáticos", en Hornstein, L., *Cuerpo, historia e interpretación.* Buenos Aires: Paidós.

Pelento, M. & Dunayevich Braun, J. (2003). "Las vicisitudes de la pulsión de saber en ciertos duelos especiales", en Puget, J. & Kaes, R., *Violencia de Estado y Psicoanálisis.* Buenos Aires: Ed. Lumen.

Piaget, J. (1946) [1961]. *La Formación del Símbolo en el Niño.* México: Fondo de Cultura Económica.

Piaget, J. (1975) [1950]. *Introducción a la Epistemología Genética, Tomo II.* Buenos Aires: Editorial Paidós.

Piaget, J. (1996) [1947]. *Psicología de la Inteligencia.* Buenos Aires: Psique.

Piaget, J. & Inhelder, B. (1969). *Psicología del Niño.* Madrid: Morata.

Ponte, C., Simões, J., Batista, S., Castro, T.S. & Jorge, A. (2017). *Crescendo entre ecrãs. Usos de meios eletrónicos por crianças (3-8 Anos).* Lisboa: ERC.

Pozo, J.I. (1996). Capítulos: "4. El sistema de aprendizaje", "12. La organización de la práctica" y "13. Los diez mandamientos del aprendizaje", en *Aprendices y maestros.* Madrid: Alianza Editorial.

Punta de Rodulfo, M. (2005). *La Clínica del Niño y su Interior –un Estudio en Detalle–.* Buenos Aires: Editorial Paidós.

Pzellinsky de Reichman y Fernández (1982). *La metodología del Juego trabajo en el Jardín de Infantes desde el enfoque del aprendizaje activo.* Buenos Aires: Ediciones PAC.

Revista planetario (2015). "Criar chicos en el siglo XXI". Artículo digital realizado por Gabriela Baby, publicado el 1 de octubre de 2015 en el sitio *www.revistaplanetario.com.ar.*

Revue transculturelle, L'autre (2006). N° 20, jouer, 2, Grenoble (France), Pensée sauvage éditeur, www.revuelautre.com.

Rezzoug, D., Moro, M.R. (2009). "L'étude du bilinguisme précoce: une recherche transculturelle", en Baubet, T., Moro, M.R. (eds.), *Psychopathologie transculturelle* (pp. 275-283). Paris: Masson.

Ricardo, R. (2012). *Padres e hijos. En tiempos de la retirada de las oposiciones.* Buenos Aires: Paidós.

Rinaldi, G. (2001). *Prevención psicosomática del paciente quirúrgico.* Buenos Aires: Paidós.

Rinaldi, G. (2005). *Escuchemos al niño.* Buenos Aires: Editorial Granica.

Rivière, A. (1991). *Objetos con mente.* Madrid: Alianza.

Rodulfo, R. (1989). *El niño y el significante. Un estudio sobre las funciones del jugar en la constitución temprana.* Buenos Aires: Editorial Paidós.

Rodulfo, R. (1996). *El niño y el significante.* Buenos Aires: Paidós.

Rodulfo, R. (2008). "Asombro y experiencia", en *Futuro Porvenir.* Buenos Aires: Editorial Noveduc.

Salgado Carrión, J. (2006). *La presencia de la televisión en los hábitos de ocio de los niños.* Madrid: Fundación Autor.

Sarlé, P. (2000). "Juego y enseñanza: los rasgos del juego en la Educación Infantil". Ponencia en Simposio Internacional de Educación Infantil. Santiago de Chile.

Sarlé, P. (2008). "El juego dramático en la escuela infantil", en Sarlé, P. (coord.), *Enseñar en clave de juego.* Buenos Aires: Novedades Educativas.

Sarlé, P. (2008). "Objetos, juegos y construcciones", en Sarlé, P. (coord.), *Enseñar en clave de juego.* Buenos Aires: Novedades Educativas.

Sarlé, P., Rodríguez Sáenz (2010). "El juego en el nivel inicial. Fundamentos y reflexiones en torno a su enseñanza". Cuaderno 1. Pto. 2. *La educación inicial y la organización de los tiempos.* Buenos Aires: OEI.

Sarlé, P., Rodríguez Sáenz (2010). "Juego reglado. Un álbum de juegos", en *El juego en el nivel inicial.* Buenos Aires: OEI.

Scheines, G. (1998). *Juegos inocentes, juegos terribles.* Buenos Aires: Eudeba.

Scheines, G. (comp.) (1985). *Los Juegos de la vida cotidiana.* Buenos Aires: Eudeba.

Schejtman, C.R. (2008). *Primera Infancia. Psicoanálisis e Investigación*, Schejtman C.R. (comp.). Buenos Aires: Akadia Editorial.

Schejtman, C.R. (comp.) (2008). *Primera Infancia. Psicoanálisis e Investigación*. Buenos Aires: Akadia Editorial.

Schejtman, C.R. (2018). "Función materna. Relación entre variables intrapsíquicas y variables interactivas observacionales". Tesis de Doctorado. Facultad de Psicología, Universidad de Buenos Aires.

Schejtman, C.R., Huerin, V., Esteve, M.J., Silver, R., Laplacette, J.A. & Duhalde, C. (2013). "Aportes de la investigación observacional acerca de los afectos, la regulación-autorregulación afectiva y la simbolización al campo de la primera infancia". Premio Facultad de Psicología, Universidad de Buenos Aires.

Schejtman, C.R., Huerin, V., Vernengo, M.P., Esteve, M.J., Silver, R., Vardy, I., Laplacette, J.A. & Duhalde, C. (2014). "Regulación afectiva, procesos de simbolización y subjetividad materna en el juego madre-niño", en *Revista de Psicoanálisis de la Asociación Psicoanalítica de Madrid (71)*, 3-24. Madrid, España. ISSN 1135-3171.

Schejtman, C.R., Laplacette, J.A., Huerin, V., Barreyro, J.P., Vernengo, M.P. & Duhalde, C. (2017). "Estudio Longitudinal Observacional sobre los Procesos de Regulación Afectiva y Simbolización a partir de Interacciones Lúdicas Madre-Bebé y Madre-Niño Preescolar", en *Revista Investigaciones en Psicología* (2017, 22, 1) (pp. 67-78). Buenos Aires, Argentina: Facultad de Psicología, Universidad de Buenos Aires.

Schoor, J. (2006). *Nacidos para comprar*. Barcelona: Paidós.

Secretaría Nacional de Niñez Adolescencia y Familia (2020). "Resolución 714 / 2020 - Programa Nacional de derecho al juego - JUGAR". Secretaría Nacional de Niñez, Adolescencia y Familia, Ministerio de Desarrollo Social. Disponible en https://www.argentina.gob.ar/normativa/nacional/resoluci%C3%B3n-714-2020-338184.

Segal, H. (1992). *Introducción a la obra de Melanie Klein*. Buenos Aires: Paidós.

Sepulchre, S. (2009). "Susan Boyle. La fabuleuse histoire de la télévision et d'internet", en *Recherches en communication*, n. 31. UCL.

Silberkasten, M. (2014). *La construcción imaginaria de la discapacidad: una excusa para una articulación discursiva*. Buenos Aires: Editorial Topia.

Silver, R., Feldberg, L., Vernengo, P., Mrahad, M.C. & Mindez, S. (2008). "Dimensiones del juego madre-bebé en el primer año de vida", en Schejtman, C. (comp.), *Primera Infancia: Psicoanálisis e investigación*. Buenos Aires: Akadia Editorial.

Slade, A. (1987). "A longitudinal study of maternal involvement and symbolic play during the toddler period", en *Child Development*, 21, 558-567.

Slade, A. (2002). "Keeping the baby in mind: a critical factor in perinatal mental health", *Zero to three*, 22:6.

Slade, A., Sadler, L., Dios-Kenn, C.D., Webb, D., Currier-Ezepchick, J. & Mayes, L. (2004). "Minding the Baby: A Reflective Parenting Program", en *Psychoanalytic Study of the Child*, vol. 60. NY: Yale University Press.

Soto y Vasta (2016). "Educación estética en los primeros años. Principios para su enseñanza", en Soto y Violante (comp.), *Experiencias estéticas en los primeros años. Reflexiones y propuestas de enseñanza*. Buenos Aires: Paidós.

Stern, D. (1990) [1985]. *El mundo interpersonal del infante*. Buenos Aires: Paidós.

Sutton Smith, B. (1975). "The Useless Made Useful: Play as Variability Training", en *The School Review*. Chicago: The University of Chicago Press.

Sutton Smith, B. & Rosenberg, B.G. (1959). "The Measurement of Masculinity and Femininity in Children", *Child Development* (n/d). London: Blackwell.

Sutton Smith, B. & Rosenberg, B.G. (1961). "Sixty Years of Historical Change in the Game Preferences of American Children", en *The Journal of American Folklore*, n° 74 (pp. 17-46). Illinois: American Folklore Socity.

Szulanski, S. (s/f). "El juego-trabajo". En *El juego*. La educación en los primeros años, colección de 0 a 5 años, n°8. Buenos Aires: Novedades Educativas.

Thompson, E. (1995). *Costumbres en común*. Barcelona: Crítica.

Thorne, B. (1998). "Boys and girls together… but mostly apart", en Jenkins, H. (ed.), *The children's culture reader* (pp. 318-336). New York: NYU Press.

Toda, S. & Fogel, A. (1993). "Infant response to the still-face situation at 3 and 6 months", en *Developmental Psychology*, 29, 532-538.

Tonucci, F. Cuando los niños dicen ¡BASTA!

Tonucci, F. La ciudad de los niños. Un modo nuevo de pensar la ciudad.

Tonucci, F. Los materiales. La arcilla, el color y la madera desde la escuela al hogar.

Tourn, G. (2013). "Del face to face al face to Facebook. Redes sociales, videojuegos e interacciones digitales". Tesina de Licenciatura en Ciencias de la Comunicación. Facultad de Ciencias Sociales, Universidad de Buenos Aires.

Trevarthen, C. (1980). "The foundations of intersubjectivity: Development of interpersonal and cooperative understanding in infants", en Olson, D.R. (ed.), *The social foundations of language and thought. Essays in Honor of Jerome Bruner*. N.Y.: Norton.

Tronick, E.Z. (1989). "Emotions and emotional communication in infants", en *American Psychologist*, vol. 44 (pp. 112-119). University of Massachusetts.

Tronick, E.Z. (1989). "Emotions and emotional communication in infants", en *American Psychologist*, vol. 44, 112-119. University of Massachusetts: Wimmer.

Tronick, E.Z. (2008). "Conexión intersubjetiva, estados de conciencia y significación", en Schejtman, C.R. (comp.), *Primera Infancia. Psicoanálisis e Investigación* (pp. 155-168). Buenos Aires: Akadia Editorial.

Tronick, E.Z. & Gianino, A.F. (1986a).

Turkle, S. (2011). *Alone together. Why We Expect More from Technology and Less from Each Other*. Boston: MIT Press.

Ullúa, J. (2000). *Conocernos para conocer*, en Colección 0 a 5 nº 20. Buenos Aires: Novedades Educativas.

Ullúa, J. (2008). *Volver a jugar en el jardín*. Buenos Aires: Homo Sappiens.

Ullúa, J. (2015). "Imaginación, juego y vida cotidiana… o de cómo imaginar con los pies sobre la tierra", en Azzerboni, D. (comp.), *La creatividad en las escuelas infantiles*. Buenos Aires: Novedades Educativas.

UNICEF (2020). "Cuadernos para la acción local. Propuestas para una planificación urbana sostenible y responsable con la infancia". Disponible en https://ciudadesamigas. org/documentos/cuadernos-planificacion-urbana-sostenible/.

Valeros, J. (1997). *El jugar del analista*. Bs. As.: Fondo de Cultura Económica.

Vasta y Soto (2006). "Los juegos tradicionales en la escuela infantil", en *Estructuras didácticas en la sala de 2 años y su proyección en la sala de 3, 4 y 5. Propuestas de enseñanza centradas en el juego*. Vicaría Episcopal de Educación. (Ficha de circulación interna).

Violante, R. y Soto, C. (1989). *Didáctica de la Educación Inicial*. Instituto Nacional de Formación Docente.

Violante, R. y Soto, C. (2011). "Didáctica de la Educación inicial: los pilares de la didáctica de la educación inicial". Recuperado el 18 de marzo de 2019. https://es.scribd.com/document/329872300/B4-Pilares-inicial05-pdf.

Vygotsky, L.S. (1978) [1933]. *Pensamiento y Lenguaje*. Madrid: Paidós.

Westby, C.E. (1988). "Children's Play: Reflections of Social Competence", en *Seminars in Speech and Language*, 9 (1), 1-14.

Winnicott, D.W. (1942). "Por qué Juegan los Niños", en *El Niño y el Mundo Externo* (4ta. Edición) (pp. 154-158). Buenos Aires: Lumen.

Winnicott, D.W. (1967). *La familia y el desarrollo del individuo*. Buenos Aires: Hormé.

Winnicott, D.W. (1971). *Realidad y juego*. Buenos Aires: Gedisa.

Winnicott, D.W. (1972). *Realidad y Juego*. Barcelona: Gedisa.

Winnicott, D.W. (1972). *Realidad y Juego*. Buenos Aires: Granica.

Winnicott, D.W. (1975). *Jeu et réalité*. Paris: Folio (œuvre originale, 1971).

Winnicott, D.W. (1981). *El proceso de maduración en el niño*. Barcelona: Laia.

Winnicott, D.W. (1988). *Realidad y juego*. Barcelona: Gedisa.

Winnicott, D.W. (1990). *Los Bebés y sus Madres*. Barcelona: Paidós.

Winnicott, D.W. (1992) [1965]. *Los procesos de maduración y el ambiente facilitador*. Barcelona: Paidós.

Winnicott, D.W. (1999). *Escritos de pediatría y psicoanálisis*. Buenos Aires: Paidós.

Woloski, G., Silver, R., Laplacette, J.A., Vardy, I. & De Schejtman, C. (2016). "Particularidades de la Identidad de Género en el Juego Interactivo de Niños y Niñas con sus Madres y Padres en la Primera Infancia", en *Anuario de Investigaciones*, vol. XXIII (pp. 321-329). Facultad de Psicología, Universidad de Buenos Aires.

Zabalza, M.A. (1996). "Los diez aspectos claves de una educación infantil de calidad", en *Calidad de la Educación Infantil*. Madrid: Narcea.

Zelizer, V. (1985). *Pricing the priceless child. The changing social value of children*. Princeton: Princeton University Press.

Sobre los autores

Marcela Armus

Médica Psiquiatra Infanto Juvenil. Psicoanalista. Especialista en Salud Mental Comunitaria. Miembro de APSA y SAPI. Miembro de la AEPEA. Docente de la carrera de especialización UBA. Docente de la maestría de Salud Mental y DDHH (UNJCP). Docente de posgrado de Salud Mental, UBA. Docente de las Residencias de Salud Mental Infanto Juvenil. Supervisora de servicios de Salud Mental, área Primera Infancia. Miembro del Programa Multicéntrico: "Mirar y Prevenir". Asesora de la Secretaría de Salud Mental del Ministerio de Salud (Pcia. Bs.As.): Programa Infancias y Juventudes. Colaboradora de UNICEF. Autora de múltiples producciones sobre Infancias, Desarrollo Infantil Temprano, Prevención y Programas de Salud Mental Infantil.

Daniel Calmels

Psicomotricista, Escritor, Profesor Honorario de la Universidad Provincial de Córdoba. Fundador y ex jefe del área de Psicomotricidad del Servicio de Psicopatología Infantil del Hospital de Clínicas (1980-2005). Docente de la UNSAM. Miembro Honorario de la Asociación Argentina de Psicomotricidad, de la Asociación Federal de Psicomotricistas y de OMEP. Por sus publicaciones, entre otros, ha recibido los siguientes premios: Primer premio, ensayo, del Fondo Nacional de las Artes por *El Libro de los Pies*; Tercer premio, ensayo, "Premio Municipal" Ciudad de Buenos Aires por *La discapacidad del héroe.* Mención especial del Premio Nacional por *El juego corporal*; Primer premio, ensayo literario, "Premio Municipal" Ciudad de Buenos Aires por *La escritura del Reencuentro* (libro inédito, 2021).

Damián Calvo

Profesor de Educación Física, con estudios en psicomotricidad, psicoanálisis y psicología social. Actor y director actoral, miembro del grupo "Los Cometabras" y "Klaus Moscón". Desde el año 1999 se desempeña como Director Ejecutivo de la Asociación Civil Centro Lekotek. Integrando el departamento de capacitación de dicha asociación. Desde 2018 es miembro del equipo directivo del Instituto Superior de Tiempo Libre y Recreación, en el que, en la actualidad, se desempeña como vicerrector. Miembro de la Comisión Directiva de la Asociación Civil VEA (Visión Educativa Antropológica). Iniciador del proyecto "Una barra de amigos" focalizado en propuestas para el desarrollo en el tiempo libre de niñes y jóvenes con discapacidad. Participó en diversas publicaciones en temáticas vinculadas a infancias, familias, juego e inclusión.

Natalia de la Torre

Abogada por la Facultad de Derecho de la Universidad de Buenos Aires, Argentina. Profesora de Educación Media y Superior de Filosofía, Facultad de Filosofía y Letras de la Universidad de Buenos Aires. Diplomado Superior en Ciencias Sociales con mención en Género y Políticas Públicas, Facultad Latinoamericana de Ciencias Sociales, Sede Argentina, FLACSO. Profesora Adjunta Regular de "Derecho de Familia y Sucesiones", Facultad de Derecho, Universidad Nacional de Avellaneda, por concurso. Autora de varios artículos, publicaciones y libros sobre la especialidad. Secretaria de la Defensoría General Adjunta en lo Penal, Contravencional y de Faltas, Ministerio Público de Defensa de la Ciudad Autónoma de Buenos Aires.

Laura Cristina del Valle Hereñú
Profesora en Enseñanza Pre escolar. Especialista en Jardín Maternal. Profesora y Licenciada en Ciencias de la Educación. Magister en Psicología Cognitiva y Aprendizaje. Reciente jubilada del ISPEI Sara Ch. de·Eccleston desde el año 1999, Didáctica en la Educación Inicial, Matemática y Trabajo de Campo, Tutora en el mismo instituto. Profesora en la UBA, Facultad de Psicología, Cátedra Psicología Educacional, Tutora de tesis de licenciatura. Capacitadora.

Clara R. de Schejtman
Doctora en Psicología, UBA. Profesora de la Facultad de Psicología, UBA y UB. Profesora de posgrado en la Facultad de Filosofía y Letras y la Facultad de Psicología, UBA; de IUSAM APdeBA; EULAPS (Rusia) y de SAPI. Directora de programas de investigación en Primera Infancia, subsidiados por UBACyT e IPA. Directora de tesis de doctorado, Facultad de Psicología, UBA. Psicoanalista en función didáctica y especialista en niños y adolescentes, APA. Miembro fundador SAPI. Autora de numerosas publicaciones nacionales e internacionales (Routledge). Autora y compiladora de: *Primera Infancia, Psicoanálisis e Investigación* (2008) y de *Primera Infancia y Psicoanálisis 2. Investigación, Clínica, Prevención* (2022), Editorial Akadia.

Lucas Di Nunzio
Arquitecto, Curso de Especialización en Arquitectura Bioambiental - CIHE (FADU-Universidad de Buenos Aires). Titular del Estudio de Arquitectura Garona I Di Nunzio Arquitectos. Docente en la materia Arquitectura II, de la cátedra del Arq. Horacio Baliero (Años 2000 al 2006). Jefe de Trabajos Prácticos en la materia Arquitectura II, de la cátedra del Arq. Horacio Baliero (Año 2007 a 2017). Coordinador de los niveles Arquitectura II y III del taller González Montaner (ex Baliero) (Año 2018 a 2021). Jefe de Trabajos Prácticos en la Materia Proyecto Arquitectónico, del taller González Montaner (ex Baliero) (Año 2022). En el ámbito de la gestión pública entre los años 2002 y 2004 se desempeña en la Dirección General de Infraestructura, Mantenimiento y Equipamiento del Ministerio de Educación de la Ciudad de Buenos Aires. A partir del año 2004 y hasta 2007 asume como coordinador de Programas en la Dirección de Infraestructura del Ministerio de Educación, Ciencia y Tecnología de la Nación (MECyT). Miembro del Jurado para Concurso ARQ-SCA 2016: 3º Premio Concurso ARQ-FADEA 2018 obra "Jardín de Infantes UPCN" / Mención Premio CAPBA 2018 obra "Hogar El Arca".

Carolina Duek
Investigadora Independiente del CONICET, Doctora en Ciencias Sociales por la Universidad de Buenos Aires, Magister en Comunicación y Cultura y Licenciada en Ciencias de la Comunicación (UBA). Es directora de proyectos de investigación relacionados con el juego, los medios de comunicación y las infancias contemporáneas (PIP/CONICET, PICT, FLACSO/CONICET y ANPCyT). Ha publicado artículos en revistas científicas nacionales e internacionales y sus trabajos han sido publicados en español, portugués, inglés, francés y turco. Ha sido profesora visitante en la Université Catholique de Louvain-La-Neuve (Bélgica, 2014) y en la Universidad Estadual de Campinas (Brasil, 2017). Ha brindado conferencias en Sorbonne Nouvelle (Francia), Université Libre de Bruxelles (Bélgica) y en la Université Catholique de Louvain-La-Neuve (Bélgica), Universidad Estadual de Campinas (Brasil), Univer-

sidad del Valle (Colombia). Ha publicado cuatro libros vinculados con la temática infancia, juegos, tecnologías. Es docente de "Teorías y Prácticas de la Comunicación I" en la Facultad de Ciencias Sociales de la Universidad de Buenos Aires.

Constanza Duhalde
Dra. en Psicología, UBA. DEA en Psicología Clínica y Psicopatológica, Universidad de París V; Diplomatura en Psicopatología del bebé, Universidad de París XIII. Docente de Grado y Posgrado en la Universidad de Buenos Aires, Universidad de Belgrano e Instituto Universitario de Salud Mental-APdeBA. Directora del Proyecto de Investigación IPA (2018-2019). Investigadora Senior en proyectos ligados a Primera Infancia UBACyT (2000-2022). Psicoanalista, miembro de la Sociedad Argentina de Psicoanálisis y de la Asociación Psicoanalítica Internacional. Miembro del Consejo Directivo de IAN Argentina (*International Attachement Network*).

Marisa Factorovich
Psicoanalista. Miembro fundadora de la Sociedad Porteña de Psicoanálisis. Docente del Postgrado de Psicoanálisis del Centro de Salud Mental Arturo Ameghino. Supervisora y docente de varios equipos Infanto Juveniles de distintos Hospitales. Miembro del Grupo de Debate de los Sábados. Autora de varios escritos sobre Psicoanálisis y juego. Autora de varios escritos sobre Primera Infancia y prevención.

Roberto Fraguglia
Profesor de Educación Pre escolar. Licenciado y Profesor en Ciencias de la Educación. Autor de numerosos libros y artículos. Se ha desempeñado como docente de sala. Vicedirector del Nivel Inicial y Coordinador Pedagógico. Profesor de diversas materias y talleres en institutos de formación docente.

Agustín Garona
Arquitecto, Facultad de Arquitectura, Diseño y Urbanismo de la Universidad de Buenos Aires. Titular del Estudio Garona I Di Nunzio Arquitectos. Entre los años 1987 y 1989 se desempeña como vicepresidente de la empresa Autopistas Urbanas SA. Entre los años 2000/2003 es designado Director General Adjunto en la Dirección General de Infraestructura, Mantenimiento y Equipamiento dependiente del Ministerio de Educación del Gobierno de la Ciudad Autónoma de Buenos Aires. Posteriormente desde 2003 hasta 2007 se desempeña en el cargo de Director de Infraestructura del Ministerio de Educación Ciencia y Tecnología de la Nación. Integra el equipo de coordinación entre el MECYT y la Facultad de Arquitectura, Diseño y Urbanismo de la Universidad de Buenos Aires para la elaboración del Proyecto de los Nuevos edificios de Ciencia, Tecnología e Innovación Productiva, Auditorio, Museo Interactivo, en las ex Bodegas Giol. Autor del Libro *Repensar las escuelas*, 1ra Convocatoria Nacional a Estudiantes de Arquitectura 2005 y 2da Convocatoria 2007 y de varias publicaciones en revistas y diarios. Participante en numerosos seminarios/conferencias relacionados con las áreas arquitectura-educación y ha sido galardonado con numerosos premios y reconocimientos de destacadas instituciones.

Cristina Gay
Lic. Psicóloga clínica especialista en niños y adolescentes. Docente del Servicio de Niños Sanos del Hospital de Niños Ricardo Gutiérrez. Docente de la Cátedra II de Pediatría de la UBA. Supervisora de residentes de Salud Mental del Hospital Pedro Elizalde. Supervisora de diferentes áreas de Consultorios Externos de Salud Mental del Hospital de Niños Ricardo Gutiérrez. Psicóloga Consultora Honoraria

del Hospital de Niños Ricardo Gutiérrez. Consultora y docente de Talleres para padres en empresas (Accenture, Turner Argentina, Warner Discovery). Autora del libro *Nuevas aportaciones clínicas al test de Bender* y de diferentes publicaciones y trabajos. Supervisora de profesionales en privado. Consultorio particular.

Alejandra Giacobone

Musicoterapeuta clínica, Facultad de Medicina (USAL), especializada en bebés, infancias y desarrollo. Especialista en Atención, Estimulación e Intervención Temprana (UTN). Supervisora Clínica en Salud Pública. Miembro de la Sociedad Argentina de Primera Infancia SAPI. Miembro del Fórum Infancias. Miembro de la Asociación Argentina de Salud Mental AASM. Integrante de la Agrupación Ética Profesional en Musicoterapia. Socia Fundadora del Equipo Interdisciplinario "La Red Pilar". Socia fundadora de Musicoterapia Clínica Red Argentina MAR. Asesoramiento Prestacional. Miembro Fundadora Equipo MIN Musicoterapia en la Infancia.

Marisa Herrera

Doctora en Derecho, Facultad de Derecho, UBA. Investigadora Independiente del Consejo Nacional de Investigaciones Científicas y Técnicas (CONICET). Distinguida con el *honoris causa* por la Universidad Nacional de Chaco Austral. Especialista en Derecho de Familia, Facultad de Derecho, UBA. Profesora Titular de "Derecho de Familia y Sucesiones", Facultad de Derecho, Universidad Nacional de Avellaneda. Profesora Adjunta con dedicación semiexclusiva de "Derecho de Familia y Sucesiones", Facultad de Derecho, UBA. Directora de la Maestría en Derecho Civil, Facultad de Ciencias Jurídicas, Universidad Nacional de La Pampa. Directora de la Carrera de Especialización en Derecho de Familia, Universidad Nacional del Sur. Directora de la Carrera de Especialización en Protección de Derechos de Niños, Niñas y Adolescentes, Facultad de Derecho, Universidad del Centro de la Provincia de Buenos Aires. Codirectora del Observatorio de Derechos de Niños, Niñas y Adolescentes, Institucional de la Secretaría de Articulación Científico Tecnológica del Ministerio de Ciencia, Tecnología e Innovación Productiva de la Nación. Directora e integrante de varios proyectos de investigación.

Vanina Huerin

Dra. en Psicología (becaria doctoral 2006-2011, UBA). Investigadora formada en Primera Infancia con proyectos acreditados y subsidiados por Ciencia y Técnica de la Universidad de Buenos Aires (UBACyT 2000-2022) dirigidos por la Dra. Clara R. de Schejtman y por International Psychanalitical Association (IPA). Docente de "Práctica Primera Infancia: de la Investigación a la Clínica y la Prevención" y miembro del Consejo Académico Asesor y docente de la Carrera de Especialización en Psicología Clínica de la Discapacidad (UBA). Certificada en PDI-RII para el análisis del Funcionamiento Reflexivo (Arietta Slade PhD., City University New York CUNY) y en Emotional Availability Scales (Zeynep Biringen, PhD., University of Colorado). Fellow del College of Research Training Programme University College Bs. As., IPA. Miembro de SAPI. Afiliada a WAIMH. Autora de artículos y capítulos de libros nacionales e internacionales.

Juan Augusto Laplacette

Doctor en Psicología de la Universidad de Buenos Aires (UBA), becado por el Consejo Nacional de Investigaciones Científicas y Técnicas (CONICET). Licenciado en Psicología con Diploma de Honor por la Universidad de Buenos Aires (UBA).

Especialista en Psicología Clínica con Niños y Adolescentes (UBA). Docente de Nivel Superior en la Universidad Nacional Pedagógica (UNIPE), en el Instituto Superior del Profesorado de Educación Inicial Sara C. de Eccleston y en el Instituto Superior del Profesorado Dr. Joaquín V. González en asignaturas referidas al desarrollo infantil. Miembro de la Sociedad Argentina de Primera Infancia (SAPI). Autor de libros, diversas publicaciones científicas y académicas.

Mara Lesbegueris
Licenciada en Psicomotricidad, Profesora de Educación Física, Maestrando en Antropología Social. Docente Universitaria (UNSAM, UNLaM). Miembro fundadora de AUPAS (Asociación Civil Uniendo Psicomotricidad y Artes) y Terapeuta Clínica en Psicomotricidad con perspectiva de genero(s).

Marie Rose Moro
MD, PhD, Psiquiatra de bebés, niños y adolescentes, psicoanalista (IPA), Profesora Catedrática de psiquiatría del bebé, del niño y del adolescente, Universidad de París, Sorbonne. Jefe de Servicio de la Casa de Solenn-Casa de los adolescentes, Hospital Cochin (AP-HP París, www.maisondesolenn.fr) y del equipo de psiquiatría transcultural de la Maternidad de Port Royal, París. Directora de la Revista Transcultural *L'autre* www.revuelautre.com. Presidenta de la Asociación Internacional de Etnopsi- coanálisis (AIEP) www.clinique-transcul-turelle.org / www.transculturel.eu. Investigadora en el campo transcultural, INSERM, Institut national de la santé et de la recherche médicale (Instituto Nacional de Investigación en Salud y Medicina de Francia, París). Referente principal de la Psiquiatría Trans-Cultural en Europa.

Carlos Skliar
Investigador principal del Instituto de Investigaciones Sociales de América Latina (IICSAL) y del Área de Educación de la Facultad Latinoamericana de Ciencias Sociales, FLACSO-Argentina. Doctor en Fonología con Especialidad en Problemas de la Comunicación Humana, realizó estudios de posgrado en el Consejo Nacional de Investigaciones de Italia, en la Universidad de Barcelona y en la Universidad Federal de Río Grande do Sul, Brasil. Fue coordinador del Área de Educación de FLACSO Argentina en el período 2008-2011. Actualmente coordina los cursos de posgrado "Pedagogías de las diferencias", "Entre cuerpos y miradas" y "Escrituras: creatividad humana y comunicación". Es, además, vice-presidente en ejercicio de PEN/Argentina (Poetas, Ensayistas, Narradores). Es director de la colección "Educación: otros lenguajes" (Miño y Dávila, con Jorge Larrosa) y "Filosofía de la Educación" (Homo Sapiens). Autor de numerosas publicaciones. Co-conduce el programa de radio "La responsabilidad de la palabra" por Radio Zonica.

Francesco Tonucci
Licenciado en Pedagogía por la Universidad Católica del Sagrado Corazón de Milán. Desde 1966 es investigador del Instituto de Psicología, actualmente Instituto de Ciencias y Tecnologías de la Cognición ISTC del Consejo Nacional de Investigaciones CNR de Roma. Desde 1982 es responsable del Reparto de Psicopedagogía del Instituto de Psicología del CNR. Desde 1991 es director científico del Laboratorio "Fano la ciudad de los niños". Desde 1992 responsable del proyecto ANDREA de los Ministerios del Ambiente y de la Instrucción Pública. Desde 1993 responsable científico del proyecto Explora "El museo de los niños" de Roma. Consejero del

alcalde de Palermo: "La ciudad de los niños" (1995-98). Desde 1995 colaborador junto con la Ciudad de la Ciencia de Nápoles para "El taller de los pequeños". Desde 1996 responsable del proyecto internacional "La ciudad de los niños" promovido y coordinados por el ISTC del CNR Consultor de UNICEF Argentina para el proyecto "La ciudad de los niños" desarrollado en algunas ciudades argentinas como Rosario y Buenos Aires (1996-99). Consultor de la Diputación de Barcelona para el proyecto "La ciutat dels infants" (1997-99). Presidente Comisión "TV - niños": encargo otorgado por la Presidencia del Consejo de Ministros (1997-99). Miembro del Grupo de trabajo para la elaboración del Manual de la ley 285/97 (1998). Desde 1999 miembro del comité científico del WWF Italia. Responsable científico de la Municipalidad de Roma para el proyecto "Roma la ciudad de los Niños" (2001-07). Ganador de números premios y adjudicado con distinciones de importantes instituciones. Miembro del comité de redacción de las revistas: *European Journal of Psychology of Education, Investigación en la escuela, Conflitti, Cooperazione educativa.*

Jorge Ullúa
Profesor de Educación Pre escolar. Profesor en Ciencias de la Educación. Licenciado en Gestión Educativa. Autor de numerosos libros y artículos. Se desempeña como profesor en la formación de maestros. Dicta cursos y seminarios de capacitación. Director de los Colegios Árbol de los Milagros y Árbol del Norte.

María Pía Vernengo
Lic. en Psicóloga (Universidad de Belgrano). Magister en Psicoanálisis UNLM-AEAPG. Docente regular en Clínica Psicológica y Psicoterapias: Psicoterapias, Emergencias e Interconsultas 1 de la Facultad de Psicología (UBA). Profesora adjunta Psicología Clínica de niños y adolescentes, UB. Investigadora formada en Primera Infancia con proyectos acreditados y subsidiados por Ciencia y Técnica de la Universidad de Buenos Aires (UBACyT 2000-2022) dirigidos por la Dra. Clara R. de Schejtman y por la International Psychoanalitical Association (IPA). Certificada en la codificación de Emotional Availability Scales (Zeynep Biringen, PhD., University of Colorado). Fellow del College of Research Training Programme University College Bs. As., IPA. Miembro de SAPI. Afiliada a WAIMH. Autora de artículos y capítulos de libros nacionales e internacionales.